LES CONFESSIONS

DE

J. J. ROUSSEAU.

PREMIÈRE PARTIE.

Contrefaçon
Cf l'ed. de La Pléiade
1959

LES CONFESSIONS

DE

J. J. ROUSSEAU.

PREMIÈRE PARTIE.

A GENÈVE.

M. DCC. LXXXII.

LES
CONFESSIONS

DE

J. J. ROUSSEAU.

LIVRE PREMIER.

JE forme une entreprife qui n'eut jamais d'exemple, & dont l'exécution n'aura point d'imitateur. Je veux montrer à mes femblables un homme dans toute la vérité de la nature ; & cet homme, ce fera moi.

Moi feul. Je fens mon cœur & je connois les hommes. Je ne fuis fait comme aucun de ceux que j'ai vus ; j'ofe croire n'être fait comme aucun de ceux qui exiftent. Si je ne vaux pas mieux, au

Ire *Partie.* A

moins je suis autre. Si la nature a bien ou mal fait de briser le moule dans lequel elle m'a jetté, c'est ce dont on ne peut juger qu'après m'avoir lu.

Que la trompette du jugement dernier sonne quand elle voudra ; je viendrai ce livre à la main me présenter devant le souverain Juge. Je dirai hautement : voilà ce que j'ai fait, ce que j'ai pensé, ce que je fus. J'ai dit le bien & le mal avec la même franchise. Je n'ai rien tu de mauvais, rien ajouté de bon, & s'il m'est arrivé d'employer quelque ornement indifférent, ce n'a jamais été que pour remplir un vide occasionné par mon défaut de mémoire ; j'ai pu supposer vrai ce que je savois avoir pu l'être, jamais ce que je savois être faux. Je me suis montré tel que je fus, méprisable & vil quand je l'ai été, bon , généreux, sublime, quand je l'ai été : j'ai dévoilé mon intérieur tel que tu l'as vu toi-même. Etre éternel , rassemble autour de moi l'innombrable foule de mes semblables : qu'ils écoutent mes Confessions, qu'ils gémissent de mes indignités, qu'ils rougissent de mes miseres. Que chacun d'eux découvre à son tour son cœur aux pieds de ton trône avec la même sincérité, &

puis qu'un seul te dise, s'il l'ose ; *je fus meilleur que cet homme là.*

Je suis né à Geneve en 1712 d'*Isaac Rousseau* Citoyen, & de *Susanne Bernard* Citoyenne ; un bien fort médiocre à partager entre quinze enfans, ayant réduit presqu'à rien la portion de mon pere, il n'avoit pour subsister que son métier d'Horloger, dans lequel il étoit, à la vérité, fort habile. Ma mere, fille du Ministre *Bernard*, étoit plus riche, elle avoit de la sagesse & de la beauté : ce n'étoit pas sans peine que mon pere l'avoit obtenue. Leurs amours avoient commencé presque avec leur vie : dès l'âge de huit à neuf ans ils se promenoient ensemble tous les soirs sur la Treille ; à dix ans ils ne pouvoient plus se quitter. La sympathie, l'accord des ames affermit en eux le sentiment qu'avoit produit l'habitude. Tous deux, nés tendres & sensibles, n'attendoient que le moment de trouver dans un autre la même disposition, ou plutôt ce moment les attendoit eux-mêmes, & chacun d'eux jetta son cœur dans le premier qui s'ouvrit pour le recevoir. Le sort qui sembloit contrarier leur passion, ne fit que l'animer. Le jeune amant ne pouvant obtenir sa maitresse, se consumoit de douleur; elle lui conseilla de voyager pour l'oublier. Il voyagea sans fruit & revint plus amoureux que jamais. Il retrouva celle qu'il aimoit tendre & fidelle. Après cette épreuve il ne restoit qu'à s'aimer toute la vie; ils le jurerent, & le Ciel bénit leur serment.

Gabriel Bernard, frere de ma mere, devint amoureux d'une des sœurs de mon pere, mais elle ne consentit à épouser le frere qu'à condition que son frere épouseroit la sœur. L'amour arrangea tout, & les deux mariages se firent le même jour. Ainsi mon oncle étoit le mari de ma tante, & leurs enfans furent doublement mes cousins germains. Il en naquit un de part & d'autre au bout d'une année; ensuite il fallut encore se séparer.

Mon oncle *Bernard* étoit Ingénieur: il alla servir dans l'Empire & en Hongrie sous le Prince Eugene. Il se distingua au siége & à la bataille de Belgrade. Mon pere, après la naissance de mon frere unique, partit pour Constantinople où il étoit appellé, & devint Horloger du Sérail. Durant son absence, la beauté de ma mere, son esprit,

fes talens (*), lui attirerent des hommages. Monfieur de la Clofure, Réfi-
dent de France, fut des plus empreffés
à lui en offrir. Il falloit que fa paffion
fût vive, puifqu'au bout de trente ans
je l'ai vu s'attendrir en me parlant d'elle.
Ma mere avoit plus que de la vertu
pour s'en défendre, elle aimoit tendrement fon mari ; elle le preffa de revenir. Il quitta tout & revint. Je fus le
trifte fruit de ce retour. Dix mois après,
je naquis infirme & malade ; je coûtai
la vie à ma mere, & ma naiffance fut
le premier de mes malheurs.

(*) Elle en avoit de trop brillans pour fon
état ; le Miniftre fon pere qui l'adoroit, ayant
pris grand foin de fon éducation. Elle deffinoit,
elle chantoit, elle s'accompagnoit du Théorbe,
elle avoit de la lecture & faifoit des vers paffa-
bles. En voici qu'elle fit impromptu dans l'abfence de fon frere & de fon mari, fe promenant avec fa belle-fœur & leurs deux enfans,
fur un propos que quelqu'un lui tint à leur fujet.

> Ces deux Meffieurs qui font abfens
> Nous font chers de bien des manieres ;
> Ce font nos amis, nos amans ;
> Ce font nos maris & nos freres ;
> Et les peres de ces enfans.

Je n'ai pas fu comment mon pere fupporta cette perte; mais je fais qu'il ne s'en confola jamais. Il croyoit la revoir en moi, fans pouvoir oublier que je la lui avois ôtée; jamais il ne m'embraffa que je ne fentiffe à fes foupirs, à fes convulfives étreintes, qu'un regret amer fe meloit à fes careffes; elles n'en étoient que plus tendres. Quand il me difoit : Jean Jacques, parlons de ta mere; je lui difois; hé bien, mon pere, nous allons donc pleurer; & ce mot feul lui tiroit déja des larmes. Ah ! difoit-il en gémiffant; rends-la moi, confole - moi d'elle, remplis le vide qu'elle a laiffé dans mon ame. T'aimerois-je ainfi fi tu n'étois que mon fils? Quarante ans après l'avoir perdue, il eft mort dans les bras d'une feconde femme, mais le nom de la premiere à la bouche, & fon image au fond du cœur.

Tels furent les auteurs de mes jours. De tous les dons que le Ciel leur avoit départis, un cœur fenfible eft le feul qu'ils me laifferent; mais il avoit fait leur bonheur, & fit tous les malheurs de ma vie.

J'étois né prefque mourant; on efpéroit peu de me conferver. J'apportai le

germe d'une incommodité que les ans
ont renforcée, & qui maintenant ne me
donne quelquefois des relâches que pour
me laisser souffrir plus cruellement d'une
autre façon. Une sœur de mon pere,
fille aimable & sage, prit si grand soin
de moi qu'elle me sauva. Au moment
où j'écris ceci elle est encore en vie,
soignant à l'âge de quatre-vingt ans un
mari plus jeune qu'elle, mais usé par la
boisson. Chere tante, je vous pardonne
de m'avoir fait vivre, & je m'afflige de
ne pouvoir vous rendre à la fin de vos
jours les tendres soins que vous m'avez
prodigués au commencement des miens.
J'ai aussi ma mie Jaqueline encore vi-
vante, saine & robuste. Les mains qui
m'ouvrirent les yeux à ma naissance,
pourront me les fermer à ma mort.

Je sentis avant de penser ; c'est le sort
commun de l'humanité. Je l'éprouvai
plus qu'un autre. J'ignore ce que je fis
jusqu'à cinq ou six ans : je ne sais comment j'appris à lire ; je ne me souviens
que de mes premieres lectures & de leur
effet sur moi : c'est le tems d'où je date
sans interruption la conscience de moi-
même. Ma mere avoit laissé des Romans. Nous nous mîmes à les lire après

soupé, mon pere & moi. Il n'étoit queftion d'abord que de m'exercer à la lecture par des livres amufans ; mais bientôt l'intérêt devint fi vif que nous lifions
tour-à-tour fans relâche, & paffions les
nuits à cette occupation. Nous ne pouvions jamais quitter qu'à la fin du volume.
Quelquefois mon pere, entendant le matin les hirondelles, difoit tout honteux:
allons nous coucher, je fuis plus enfant
que toi.

En peu de tems j'acquis par cette dangereufe méthode, non-feulement une
extrême facilité à lire & à m'entendre,
mais une intelligence unique à mon âge
fur les paffions. Je n'avois aucune idée
des chofes, que tous les fentimens m'é-
toient déjà connus. Je n'avois rien con-
çu ; j'avois tout fenti. Ces émotions
confufes que j'éprouvai coup-fur-coup
n'altéroient point la raifon que je n'avois
pas encore ; mais elles m'en formerent
une d'une autre trempe, & me donne-
rent de la vie humaine des notions bizarres & romanefques, dont l'expérience & la réflexion n'ont jamais bien pu
me guérir.

Les Romans finirent avec l'été de
1719. L'hiver fuivant ce fut autre cho-

fe. La bibliothéque de ma mere épui-
fée, on eut recours à la portion de celle
de fon pere qui nous étoit échue. Heureufement il s'y trouva de bons livres;
& cela ne pouvoit gueres être autrement; cette bibliothéque ayant été for-
mée par un Miniftre, à la vérité, &
favant même; car c'étoit la mode alors,
mais homme de goût & d'efprit. L'hiftoire de l'Eglife & de l'Empire par le
Sueur, le difcours de Boffuet fur l'hiftoire univerfelle, les hommes illuftres
de Plutarque, l'hiftoire de Venife par
Nani, les métamorphofes d'Ovide, La
Bruyere, les mondes de Fontenelle,
fes Dialogues des morts, & quelques
tomes de Moliere, furent tranfportés
dans le cabinet de mon pere, & je les
lui lifois tous les jours durant fon travail. J'y pris un goût rare & peut-être
unique à cet âge. Plutarque, fur-tout,
devint ma lecture favorite. Le plaifir
que je prenois à le relire fans ceffe me
guérit un peu des Romans, & je pré-
férai bientôt Agefilas, Brutus, Arif-
tide, à Orondate, Artamene & Juba.
De ces intéreffantes lectures, des entretiens qu'elles occafionnoient entre mon
pere & moi fe forma cet efprit libre &

républicain , ce caractere indomptable
& fier , impatient de joug & de servi-
tude qui m'a tourmenté tout le tems de
ma vie dans les situations les moins propres à lui donner l'essor. Sans cesse occupé de Rome & d'Athenes ; vivant,
pour ainsi dire, avec leurs grands hommes, né moi-même Citoyen d'une république , & fils d'un pere dont l'amour
de la patrie étoit la plus forte passion ,
je m'en enflammois à son exemple; je
me croyois Grec ou Romain ; je devenois le personnage dont je lisois la vie :
le récit des traits de constance & d'intrépidité qui m'avoient frappé me rendoit les yeux étincelans & la voix forte.
Un jour que je racontois à table l'avanture de Scevola , on fut effrayé de me
voir avancer & tenir la main sur un ré-
chaud pour représenter son action.

J'avois un frere plus âgé que moi de
sept ans. Il apprenoit la profession de
mon pere. L'extrême affection qu'on
avoit pour moi le faisoit un peu négliger, & ce n'est pas cela que j'approu-
ve. Son éducation se sentit de cette
négligence. Il prit le train du libertina-
ge, même avant l'âge d'être un vrai libertin. On le mit chez un autre maître,

d'où il faisoit des escapades, comme il en avoit fait de la maison paternelle. Je ne le voyois presque point : à peine puis-je dire avoir fait connoissance avec lui : mais je ne laissois pas de l'aimer tendrement, & il m'aimoit, autant qu'un polisson peut aimer quelque chose. Je me souviens qu'une fois que mon pere le châtioit rudement & avec colere, je me jettai impétueusement entre deux l'embrassant étroitement. Je le couvris ainsi de mon corps recevant les coups qui lui étoient portés, & je m'obstinai si bien dans cette attitude qu'il fallut en-fin que mon pere lui fît grace, soit dé-sarmé par mes cris & mes larmes, soit pour ne pas me maltraiter plus que lui. Enfin mon frere tourna si mal qu'il s'en-fuit & disparut tout-à-fait. Quelque tems après on sut qu'il étoit en Allemagne. Il n'écrivit pas une seule fois. On n'a plus eu de ses nouvelles depuis ce tems-là, & voilà comment je suis demeuré fils unique.

Si ce pauvre garçon fut élevé négli-gemment, il n'en fut pas ainsi de son frere, & les enfans des Rois ne sau-roient être soignés avec plus de zele que je le fus durant mes premiers ans, ido-

lâtré de tout ce qui m'environnoit, &
toujours, ce qui est bien plus rare,
traité en enfant chéri, jamais en enfant
gâté. Jamais une seule fois, jusqu'à ma
sortie de la maison paternelle, on ne m'a
laissé courir seul dans la rue avec les
autres enfans : jamais on n'eut à réprimer en moi ni à satisfaire aucune de ces
fantasques humeurs qu'on impute à la
nature, & qui naissent toutes de la seule
éducation. J'avois les défauts de mon
âge ; j'étois babillard, gourmand, quelquefois menteur. J'aurois volé des fruits,
des bonbons, de la mangeaille ; mais
jamais je n'ai pris plaisir à faire du mal,
du dégat, à charger les autres, à tourmenter de pauvres animaux. Je me souviens pourtant d'avoir une fois pissé dans
la marmite d'une de nos voisines appellée Madame Clot, tandis qu'elle étoit
au prêche. J'avoue même que ce souvenir me fait encore rire, parce que
Madame Clot, bonne femme au demeurant, étoit bien la vieille la plus gro-
gnon que je connus de ma vie. Voilà
la courte & véridique histoire de tous
mes méfaits enfantins.

Comment serois-je devenu méchant,
quand je n'avois sous les yeux que des

exemples de douceur , & autour de
moi que les meilleures gens du monde ?
Mon pere , ma tante , ma mie , mes
parens , nos amis , nos voisins , tout ce
qui m'environnoit ne m'obéissoit pas à
la vérité , mais m'aimoit ; & moi je les
aimois de même. Mes volontés étoient
si peu excitées & si peu contrariées
qu'il ne me venoit pas dans l'esprit d'en
avoir. Je puis jurer que jusqu'à mon
asservissement sous un maître , je n'ai
pas su ce que c'étoit qu'une fantaisie.
Hors le tems que je passois à lire ou
écrire auprès de mon pere , & celui où
ma mie me menoit promener , j'étois
toujours avec ma tante , à la voir bro-
der , à l'entendre chanter , assis ou debout à côté d'elle , & j'étois content.
Son enjouement , sa douceur , sa figure
agréable , m'ont laissé de si fortes im-
pressions , que je vois encore son air ,
son regard , son attitude ; je me souviens de ses petits propos caressans : je
dirois comment elle étoit vétue & coif-
fée , sans oublier les deux crochets que
ses cheveux noirs faisoient sur ses tempes ,
selon la mode de ce tems-là.

Je suis persuadé que je lui dois le
goût ou plutôt la passion pour la mu-

lique qui ne s'est bien développée en moi que long-tems après. Elle savoit une quantité prodigieuse d'airs & de chansons qu'elle chantoit avec un filet de voix fort douce. La sérénité d'ame de cette excellente fille éloignoit d'elle & de tout ce qui l'environnoit la réverie & la tristesse. L'attrait que son chant avoit pour moi fut tel que non-seulement plusieurs de ses chansons me sont toujours restées dans la mémoire; mais qu'il m'en revient même, aujourd'hui que je l'ai perdue, qui, totalement oubliées depuis mon enfance, se retracent à mesure que je vieillis, avec un charme que je ne puis exprimer. Diroit-on que moi, vieux radoteur, rongé de soucis & de peines, je me surprends quelquefois à pleurer comme un enfant en marmotant ces petits airs d'une voix déjà cassée & tremblante? Il y en a un surtout, qui m'est bien revenu tout entier, quant à l'air; mais la seconde moitié des paroles s'est constamment refusée à tous mes efforts pour me la rappeller, quoiqu'il m'en revienne confusément les rimes. Voici le commencement, & ce que j'ai pu me rappeller du reste.

Tircis, je n'ose
Ecouter ton chalumeau
Sous l'Ormeau ;
Car on en caufe
Déja dans notre hameau.
. . . .
. : . . un Berger
. . . . s'engager
. . . . fans danger ;
Et toujours l'épine eft fous la rofe.

Je cherche où eft le charme attendriffant que mon cœur trouve à cette chanfon : c'eft un caprice auquel je ne comprends rien ; mais il m'eft de toute impoffibilité de la chanter jufqu'à la fin, fans être arrêté par mes larmes. J'ai cent fois projetté d'écrire à Paris pour faire chercher le refte des paroles, fi tant eft que quelqu'un les connoiffe encore. Mais je fuis prefque fûr que le plaifir que je prends à me rappeller cet air s'évanouiroit en partie, fi j'avois la preuve que d'autres que ma pauvre tante *Sufon* l'ont chanté.

Telles furent les premieres affections de mon entrée à la vie ; ainfi commençoit à fe former ou à fe montrer en moi ce cœur à la fois fi fier & fi tendre, ce caractere efféminé, mais pour-

tant indomptable, qui, flottant toujours
entre la foiblesse & le courage, entre
la mollesse & la vertu, m'a jusqu'au
bout mis en contradiction avec moi-
même, & a fait que l'abstinence & la
jouissance, le plaisir & la sagesse, m'ont
également échappé.

Ce train d'éducation fut interrompu
par un accident dont les suites ont in-
flué sur le reste de ma vie. Mon pere
eut un démelé avec un M. *G****., Capitaine en France, & apparenté dans
le Conseil. Ce *G****., homme insolent
& lâche, saigna du nez, & pour se
venger accusa mon pere d'avoir mis l'é-
pée à la main dans la ville. Mon pere,
qu'on voulut envoyer en prison, s'obs-
tinoit à vouloir que, selon la loi, l'accu-
sateur y entrât aussi bien que lui. N'ayant
pu l'obtenir, il aima mieux sortir de
Geneve & s'expatrier pour le reste de
sa vie, que de céder sur un point où
l'honneur & la liberté lui paroissoient
compromis.

Je restai sous la tutelle de mon oncle *Bernard* alors employé aux forti-
fications de Geneve. Sa fille aînée étoit
morte, mais il avoit un fils de même
âge que moi. Nous fûmes mis ensem-

ble à Boſſey en penſion chez le Miniſtre *Lambercier*, pour y apprendre ,
avec le latin , tout le menu fatras dont
on l'accompagne ſous le nom d'éducation.

Deux ans paſſés au village adoucirent
un peu mon âpreté romaine , & me
ramenerent à l'état d'enfant. A Geneve
où l'on ne m'impoſoit rien, j'aimois
l'application , la lecture , c'étoit preſque mon ſeul amuſement. A Boſſey le
travail me fit aimer les jeux qui lui ſer-
voient de relâche. La campagne étoit
pour moi ſi nouvelle que je ne pouvois me laſſer d'en jouir. Je pris pour
elle un goût ſi vif qu'il n'a jamais pu
s'éteindre. Le ſouvenir des jours heureux que j'y ai paſſés m'a fait regret-
ter ſon ſéjour & ſes plaiſirs dans tous
les âges , juſqu'à celui qui m'y a ra-
mené. M. *Lambercier* étoit un homme
fort raiſonnable, qui , ſans négliger notre
inſtruction , ne nous chargeoit point de
devoirs extrémes. La preuve qu'il s'y
prenoit bien eſt que , malgré mon averſion pour la gêne , je ne me ſuis jamais rappellé avec dégoût mes heures
d'étude, & que , ſi je n'appris pas de
lui beaucoup de choſes, ce que j'ap-

pris je l'appris fans peine, & n'en ai rien oublié.

La fimplicité de cette vie champêtre me fit un bien d'un prix ineftimable en ouvrant mon cœur à l'amitié. Juf-qu'alors je n'avois connu que des fenti-mens élevés, mais imaginaires. L'habi-tude de vivre enfemble dans un état paifible m'unit tendrement à mon coufin *Bernard*. En peu de tems j'eus pour lui des fentimens plus affectueux que ceux que j'avois eu pour mon frere, & qui ne fe font jamais effacés. C'étoit un grand garçon fort efflanqué, fort fluet, aulli doux d'efprit que foible de corps, & qui n'abufoit pas trop de la prédi-lection qu'on avoit pour lui dans la mai-fon, comme fils de mon tuteur. Nos travaux, nos amufemens, nos goûts étoient les mémes; nous étions feuls; nous étions de même âge; chacun des deux avoit befoin d'un camarade : nous féparer étoit en quelque forte nous anéan-tir. Quoique nous eullions peu d'occa-fions de faire preuve de notre attache-ment l'un pour l'autre, il étoit extrême, & non-feulement nous ne pouvions vi-vre un inftant féparés, mais nous n'imagi-nions pas que nous pullions jamais l'être.

Tous deux d'un efprit facile à céder aux careffes, complaifans quand on ne vouloit pas nous contraindre , nous étions toujours d'accord fur tout. Si , par la faveur de ceux qui nous gouvernoient , il avoit fur moi quelque afcendant fous leurs yeux ; quand nous étions feuls j'en avois un fur lui qui rétabliffoit l'équilibre. Dans nos études, je lui foufflois fa leçon quand il héfitoit ; quand mon théme étoit fait, je lui aidois à faire le fien , & dans nos amufemens mon goût plus actif lui fervoit toujours de guide. Enfin nos deux caracteres s'accordoient fi bien , & l'amitié qui nous uniffoit étoit fi vraie, que dans plus de cinq ans que nous fûmes prefque inféparables tant à Boffey qu'à Geneve , nous nous battîmes fouvent , je l'avoue ; mais jamais on n'eut befoin de nous féparer , jamais une de nos querelles ne dura plus d'un quart-d'heure , & jamais une feule fois nous ne portâmes l'un contre l'autre aucune accufation. Ces remarques font , fi l'on veut, puériles, mais il en réfulte pourtant un exemple peut être unique, depuis qu'il exifte des enfans.

La maniere dont je vivois à Boffey

me convenoit fi bien, qu'il ne lui a manqué que de durer plus long-tems pour
fixer abfolument mon caractere. Les fentimens tendres, affectueux, paifibles, en
faifoient le fond. Je crois que jamais
individu de notre efpece n'eut naturellement moins de vanité que moi. Je
m'élevois par élans à des mouvemens
fublimes, mais je retombois auffi-tôt
dans ma langueur. Etre aimé de tout
ce qui m'approchoit étoit le plus vif de
mes defirs. J'étois doux, mon coufin
l'étoit; ceux qui nous gouvernoient l'é-
toient eux-mêmes. Pendant deux ans
entiers je ne fus ni témoin ni victime
d'un fentiment violent. Tout nourriffoit dans mon cœur les difpofitions qu'il
reçut de la nature. Je ne connoiffois
rien d'auffi charmant que de voir tout
le monde content de moi & de toute
chofe. Je me fouviendrai toujours qu'au
temple répondant au catéchifme, rien
ne me troubloit plus quand il m'arrivoit
d'héfiter, que de voir fur le vifage de
Mlle. *Lambercier* des marques d'inquiétude & de peine. Cela feul m'affligeoit
plus que la honte de manquer en public, qui m'affectoit pourtant extrêmement : car quoique peu fenfible aux

louanges, je le fus toujours beaucoup à la honte, & je puis dire ici que l'attente des réprimandes de Mlle. *Lambercier* me donnoit moins d'alarmes que la crainte de la chagriner.

Cependant elle ne manquoit pas au besoin de sévérité, non plus que son frere : mais comme cette sévérité, presque toujours juste, n'étoit jamais emportée, je m'en affligeois & ne m'en mutinois point. J'étois plus fâché de déplaire que d'être puni, & le signe du mécontentement m'étoit plus cruel que la peine afflictive. Il est embarrassant de m'expliquer mieux, mais cependant il le faut. Qu'on changeroit de méthode avec la jeunesse si l'on voyoit mieux les effets éloignés de celle qu'on employe toujours indistinctement & souvent indiscrétement ! La grande leçon qu'on peut tirer d'un exemple aussi commun que funeste, me fait résoudre à le donner.

Comme Mlle. *Lambercier* avoit pour nous l'affection d'une mere, elle en avoit aussi l'autorité, & la portoit quelquefois jusqu'à nous infliger la punition des enfans, quand nous l'avions méritée. Affez long-tems elle s'en tint à la menace, & cette menace d'un châtiment tout nouveau pour moi me sembloit très-effrayante ; mais après l'exécution, je la trouvai moins terrible à l'épreuve que l'attente ne l'avoit été, & ce qu'il y a de plus bizarre eft que ce châtiment m'affectionna davantage encore à celle qui me l'avoit impofé. Il falloit même toute la vérité de cette affection & toute ma douceur naturelle pour m'empêcher de chercher le retour du même traitement en le méritant : car j'avois trouvé dans la douleur, dans la honte même, un mélange de fenfualité qui m'avoit laiffé plus de defir que de crainte de l'éprouver de rechef par la même main. Il eft vrai que, comme il fe mêloit fans doute à cela quelque inftinct précoce du fexe, le même châtiment reçu de fon frere, ne m'eût point du tout paru plaifant. Mais de l'humeur dont il étoit, cette fubftitution n'étoit gueres à craindre, & fi je m'abftenois de mériter la correction, c'étoit uniquement de peur de fâcher Mlle. *Lambercier* ; car tel eft en moi l'empire de la bienveillance, & même dè celle que les sens ont fait naître, qu'elle leur donna toujours la loi dans mon cœur.

Cette récidive que j'éloignois sans la craindre arriva sans qu'il y eût de ma faute, c'est-à-dire de ma volonté, & j'en profitai, je puis dire, en sûreté de conscience. Mais cette seconde fois fut aussi la derniere : car Mlle. *Lambercier* s'étant sans doute apperçue à quelques signes que ce châtiment n'alloit pas à son but, déclara qu'elle y renonçoit & qu'il la fatiguoit trop. Nous avions jusques-là couché dans sa chambre, & même en hiver quelquefois dans son lit. Deux jours après on nous fit coucher dans une autre chambre, & j'eus désormais l'honneur, dont je me serois bien passé, d'être traité par elle en grand garçon.

Qui croiroit que ce châtiment d'enfant, reçu à huit ans par la main d'une fille de trente, a décidé de mes goûts, de mes desirs, de mes passions, de moi pour le reste de ma vie, & cela, précisément dans le sens contraire à ce qui devoit s'ensuivre naturellement? En même tems que mes sens furent allumés, mes desirs prirent si bien le

change, que, bornés à ce que j'avois
éprouvé, ils ne s'aviserent point de chercher autre chose. Avec un sang brûlant
de sensualité presque dès ma naissance,
je me conservai pur de toute souillure
jusqu'à l'âge où les tempéramens les plus
froids & les plus tardifs se développent.
Tourmenté long-tems, sans savoir de
quoi, je dévorois d'un œil ardent les
belles personnes ; mon imagination me
les rappelloit sans cesse ; uniquement
pour les mettre en œuvre à ma mode,
& en faire autant de Demoiselles *Lambercier*.

Même après l'âge nubile, ce goût
bizarre toujours persistant, & porté jusqu'à la dépravation, jusqu'à la folie, m'a
conservé les mœurs honnêtes qu'il sem-
bleroit avoir dû m'ôter. Si jamais éducation fut modeste & chaste, c'est assurément celle que j'ai reçue. Mes trois
tantes n'étoient pas seulement des personnes d'une sagesse exemplaire, mais
d'une réserve que depuis long tems les
femmes ne connoissent plus. Mon pere,
homme de plaisir, mais galant à la vieille
mode, n'a jamais tenu près des femmes
qu'il aimoit le plus des propos dont une
vierge eût pu rougir ; & jamais on n'a
poussé

poussé plus loin que dans ma famille &
devant moi le respect qu'on doit aux enfans. Je ne trouvai pas moins d'attention
chez M. *Lambercier* sur le même article,
& une fort bonne servante y fut mise
à la porte, pour un mot un peu gail-
lard qu'elle avoit prononcé devant nous.
Non-seulement je n'eus jusqu'à mon ado-
lescence aucune idée distincte de l'union
des sexes; mais jamais cette idée con-
fuse ne s'offrit à moi que sous une image
odieuse & dégoûtante. J'avois pour les
filles publiques une horreur qui ne s'est
jamais effacée; je ne pouvois voir un
débauché sans dédain, sans effroi même :
car mon aversion pour la débauche alloit jusques-là, depuis qu'allant un jour
au petit Sacconex par un chemin creux,
je vis des deux côtés des cavités dans
la terre où l'on me dit que ces gens-là faisoient leurs accouplemens. Ce que j'a-
vois vu de ceux des chiennes, me re-
venoit aussi toujours à l'esprit en pensant
aux autres, & le cœur me soulevoit à
ce seul souvenir.

Ces préjugés de l'éducation, propres
par eux-mêmes à retarder les premieres
explosions d'un tempérament combusti-
ble, furent aidés, comme j'ai dit, par

la diverſion que firent ſur moi les premieres pointes de la ſenſualité. N'imaginant que ce que j'avois ſenti; malgré
des efferveſcences de ſang très incommodes, je ne ſavois porter mes deſirs que
vers l'eſpece de volupté qui m'étoit connue, ſans aller jamais juſqu'à celle qu'on
m'avoit rendue haïſſable, & qui tenoit
de ſi près à l'autre, ſans que j'en euſſe
le moindre ſoupçon. Dans mes ſottes
fantaiſies, dans mes érotiques fureurs,
dans les actes extravagans auxquels elles
me portoient quelquefois, j'empruntois
imaginairement le ſecours de l'autre
ſexe, ſans penſer jamais qu'il fût propre
à nul autre uſage qu'à celui que je brû-
lois d'en tirer.

Non-ſeulement donc c'eſt ainſi qu'a-
vec un tempérament très-ardent, très-
laſcif, très-précoce, je paſſai toutefois
l'âge de puberté ſans deſirer, ſans connoître d'autres plaiſirs des ſens que ceux
dont Mlle *Lambercier* m'avoit très-inno-
cemment donné l'idée; mais quand enfin
le progrès des ans m'eut fait homme,
c'eſt encore ainſi que ce qui devoit me
perdre, me conſerva. Mon ancien goût
d'enfant, au lieu de s'évanouir s'aſſocia
tellement à l'autre, que je ne pus jamais

l'écarter des defirs allumés par mes fens; & cette folie, jointe à ma timidité naturelle, m'a toujours rendu très peu entreprenant près des femmes, faute d'ofer tout dire ou de pouvoir tout faire; l'efpece de jouiffance dont l'autre n'étoit pour moi que le dernier terme ne pouvant être ufurpée par celui qui la defire, ni devinée par celle qui peut l'accorder. J'ai ainfi paffé ma vie à convoiter & à me taire auprès des perfonnes que j'aimois le plus. N'ofant jamais déclarer mon goût je l'amufois du moins par des rapports qui m'en confervoient l'idée. Etre aux genoux d'une maîtreffe impérieufe, obéir à fes ordres, avoir des pardons à lui demander, étoient pour moi de très-douces jouiffances, & plus ma vive imagination m'enflammoit le fang, plus j'avois l'air d'un amant tranfi. On conçoit que cette maniere de faire l'amour n'amene pas des progrès bien rapides, & n'eft pas fort dangereufe à la vertu de celles qui en font l'objet. J'ai donc fort peu poffédé, mais je n'ai pas laiffé de jouir beaucoup à ma maniere; c'eft-à-dire, par l'imagination. Voilà comment mes fens, d'accord avec mon humeur timide & mon esprit romanesque, m'ont conservé des sentimens purs & des mœurs honnêtes, par les mêmes goûts qui, peut être avec un peu plus d'effronterie, m'auroient plongé dans les plus brutales voluptés.

J'ai fait le premier pas & le plus pénible dans le labyrinthe obscur & fangeux de mes confessions. Ce n'est pas ce qui est criminel qui coûte le plus à dire, c'est ce qui est ridicule & honteux. Dès à présent je suis sûr de moi; après ce que je viens d'oser dire, rien ne peut plus m'arrêter. On peut juger de ce qu'ont pu me coûter de semblables aveux, sur ce que dans tout le cours de ma vie, emporté quelquefois près de celles que j'aimois par les fureurs d'une passion qui m'ôtoit la faculté de voir, d'entendre, hors de sens, & saisi d'un tremblement convulsif dans tout mon corps; jamais je n'ai pú prendre sur moi de leur déclarer ma folie, & d'implorer d'elles dans la plus intime familiarité la seule faveur qui manquoit aux autres. Cela ne m'est jamais arrivé qu'une fois dans l'enfance, avec un enfant de mon âge; encore fut-ce elle qui en fit la premiere proposition.

En remontant de cette sorte aux premieres traces de mon être fenfible, je trouve des élémens qui, femblant quelquefois incompatibles, n'ont pas laiffé de s'unir pour produire avec force un effet uniforme & fimple, & j'en trouve d'autres qui, les mêmes en apparence, ont formé par le concours de certaines circonftances de fi différentes combinaifons, qu'on n'imagineroit jamais qu'ils euffent entr'eux aucun rapport. Qui croiroit, par exemple, qu'un des refforts les plus vigoureux de mon ame fût trempé dans la même fource d'où la luxure & la molleffe ont coulé dans mon fang ? Sans quitter le fujet dont je viens de parler, on en va voir fortir une impreffion bien différente.

J'étudiois un jour feul ma leçon dans la chambre contigue à la cuifine. La fervante avoit mis fécher à la plaque les peignes de Mlle *Lambercier*. Quand elle revint les prendre, il s'en trouva un dont tout un côté de dents étoit brifé. A qui s'en prendre de ce dégât ? perfonne autre que moi n'étoit entré dans la chambre. On m'interroge ; je nie d'avoir touché le peigne. M. & Mlle *Lambercier* fe réuniffent ; m'exhortent, me preffent, me menacent ; je perfifte avec opiniâtreté ; mais la conviction étoit trop forte, elle l'emporta sur toutes mes protestations, quoique ce fut la premiere fois qu'on m'eut trouvé tant d'audace à mentir. La chose fut prise au sérieux, elle méritoit de l'etre. La méchanceté, le mensonge, l'obstination parurent également dignes de punition : mais pour le coup ce ne fut pas par Mlle *Lambercier* qu'elle me fut infligée. On écrivit à mon oncle *Bernard* ; il vint. Mon pauvre cousin étoit chargé d'un autre délit non moins grave : nous fûmes enveloppés dans la même exécution. Elle fut terrible. Quand, cherchant le remede dans le mal même, on eût voulu pour jamais amortir mes sens dépravés, on n'auroit pu mieux s'y prendre. Aussi me laisserent-ils en repos pour long-tems.

On ne put m'arracher l'aveu qu'on exigeoit. Repris à plusieurs fois, & mis dans l'état le plus affreux, je fus inébranlable. J'aurois souffert la mort & j'y étois résolu. Il fallut que la force même cédât au diabolique entétement d'un enfant ; car on n'appella pas autrement ma constance. Enfin je sortis de cette cruelle épreuve en pieces, mais triomphant.

Il y a maintenant près de cinquante ans de cette avanture, & je n'ai pas peur d'être puni de rechef pour le même fait. Hé bien, je déclare à la face du Ciel que j'en étois innocent, que je n'avois ni cassé ni touché le peigne, que je n'avois pas approché de la plaque, & que je n'y avois pas même songé. Qu'on ne me demande pas comment ce dégât se fit ; je l'ignore, & ne puis le comprendre ; ce que je sais très-certainement, c'est que j'en étois innocent.

Qu'on se figure un caractere timide & docile dans la vie ordinaire, mais ardent, fier, indomptable dans les passions ; un enfant toujours gouverné par la voix de la raison, toujours traité avec douceur, équité, complaisance ; qui n'avoit pas même l'idée de l'injustice, & qui, pour la premiere fois, en éprouve une si terrible, de la part précisément des gens qu'il chérit & qu'il respecte le plus. Quel renversement d'idées ! quel désordre de sentimens ! quel bouleversement dans son cœur, dans sa cervelle, dans tout son petit être intelligent & moral ! Je dis qu'on s'imagine tout cela, s'il est possible ; car pour moi, je ne me sens pas capable de déméler, de fuivre la moindre trace de ce qui fe paffoit alors en moi.

Je n'avois pas encore affez de raifon pour fentir combien les apparences me condamnoient, & pour me mettre à la place des autres. Je me tenois à la mienne, & tout ce que je fentois, c'étoit la rigueur d'un châtiment effroyable pour un crime que je n'avois pas commis. La douleur du corps, quoique vive, m'étoit peu fenfible, je ne fentois que l'indignation, la rage, le défefpoir. Mon coufin, dans un cas à peu près femblable, & qu'on avoit puni d'une faute involontaire comme d'un acte prémédité, fe mettoit en fureur à mon exemple, & fe montoit, pour ainfi dire, à mon uniffon. Tous deux dans le même lit nous nous embraffions avec des tranfports convulfifs, nous étouffions; & quand nos jeunes cœurs un peu foulagés, pouvoient exhaler leur colere, nous nous levions fur notre féant, & nous nous mettions tous deux à crier cent fois de toute notre force : *Carnifex, Carnifex, Carnifex.*

Je fens en écrivant ceci que mon pouls s'éleve encore; ces momens me feront toujours préfens, quand je vi-

vrois cent mille ans. Ce premier fentiment de la violence & de l'injuftice eft
reflé fi profondément gravé dans mon
ame, que toutes les idées qui s'y rapportent me rendent ma premiere émotion ; & ce fentiment, relatif à moi dans
fon origine, a pris une telle confiftance
en lui-même, & s'eft tellement détaché
de tout intérêt perfonnel, que mon
cœur s'enflamme au fpectacle ou au récit de toute action injufte, quel qu'en
foit l'objet & en quelque lieu qu'elle fe
commette, comme fi l'effet en retom-
boit fur moi. Quand je lis les cruautés
d'un tyran féroce, les fubtiles noirceurs
d'un fourbe de prêtre, je partirois volontiers pour aller poignarder ces mi-
férables, duflai-je cent fois y périr. Je
me fuis fouvent mis en nage, à pour-
fuivre à la courfe, ou à coups de pierre
un coq, une vache, un chien, un ani-
mal que j'en voyois tourmenter un autre, uniquement parce qu'il fe fentoit
le plus fort. Ce mouvement peut m'étre
naturel, & je crois qu'il l'eft ; mais le
fouvenir profond de la premiere injuftice que j'ai foufferte y fut trop long-
tems & trop fortement lié, pour ne
l'avoir pas beaucoup renforcé.

B v

Là fut le terme de la férénité de ma vie enfantine. Dès ce moment je ceffai de jouir d'un bonheur pur, & je fens aujourd'hui même que le fouvenir des charmes de mon enfance s'arrête là. Nous reftâmes encore à Boffey quelques mois. Nous y fûmes comme on nous repréfente le premier homme encore dans le paradis terreftre, mais ayant ceffé d'en jouir. C'étoit en apparence la même fituation, & en effet une toute autre maniere d'être. L'attachement, le refpect, l'intimité, la confiance, ne lioient plus les éleves à leurs guides ; nous ne les regardions plus comme des Dieux qui lifoient dans nos cœurs : nous étions moins honteux de mal faire, & plus craintifs d'être accufés : nous commencions à nous cacher, à nous mutiner, à mentir. Tous les vices de notre âge corrompoient notre innocence & enlaidiffoient nos jeux. La campagne même perdit à nos yeux cet attrait de douceur & de fimplicité qui va au cœur. Elle nous fembloit déferte & fombre ; elle s'étoit comme couverte d'un voile qui nous en cachoit les beautés. Nous ceffâmes de cultiver nos petits jardins, nos herbes, nos fleurs. Nous n'allions plus gratter légérement la terre & crier de joie, en découvrant le germe du grain que nous avions femé. Nous nous dégoûtâmes de cette vie; on fe dégoûta de nous; mon oncle nous retira, & nous nous féparâmes de M. & Mlle *Lambercier*, raffafiiés les uns des autres, & regrettant peu de nous quitter.

Près de trente ans fe font paffés depuis ma fortie de Boffey, fans que je m'en fois rappellé le féjour d'une maniere agréable par des fouvenirs un peu liés: mais depuis qu'ayant paffé l'âge mûr je décline vers la vieilleffe, je fens que ces mêmes fouvenirs renaiffent, tandis que les autres s'effacent, & fe grave dans ma mémoire avec des traits dont le charme & la force augmentent de jour en jour; comme fi fentant déja la vie qui s'échappe, je cherchois à la refaifir par fes commencemens. Les moindres faits de ce tems-là me plaifent par cela feul qu'ils font de ce tems-là. Je me rappelle toutes les circonftances des lieux, des perfonnes, des heures. Je vois la fervante ou le valet agiffant dans la chambre, une hirondelle entrant par la fenêtre, une mouche fe pofer fur ma main, tandis que je récitois ma leçon:

je vois tout l'arrangement de la chambre où nous étions ; le cabinet de M.
Lambercier à main droite, une eſtampe
repréſentant tous les Papes, un baro-
mètre, un grand calendrier ; des fram-
boiſiers qui, d'un jardin fort élevé dans
lequel la maiſon s'enfonçoit ſur le derriere, venoient ombrager la fenétre, &
paſſoient quelquefois juſqu'en dedans. Je
ſais bien que le lecteur n'a pas grand beſoin
de ſavoir tout cela ; mais j'ai beſoin, moi,
de le lui dire. Que n'oſé-je lui raconter
de méme toutes les petites anecdotes de
cet heureux âge, 'qui me font encore
treſſaillir d'aiſe quand je me les rappelle.
Cinq ou ſix ſur-tout..... compoſons. Je
vous fais grace de cinq, mais j'en veux
une, une ſeule ; pourvu qu'on me la laiſſe
conter le plus longuement qu'il me ſera
poſſible, pour prolonger mon plaiſir.

Si je ne cherchois que le vôtre, je
pourrois choiſir celle du derriere de Mlle.
Lambercier, qui, par une malheureuſe
culbute au bas du pré, fut étalé tout en
plein devant le Roi de Sardaigne à ſon
paſſage ; mais celle du noyer de la ter-
raſſe eſt plus amuſante pour moi qui
fus acteur, au lieu que je ne fus que
ſpectateur de la culbute, & j'avoue que

je ne trouvai pas le moindre mot pour rire à un accident qui, bien que comique en lui méme, m'alarmoit pour une perfonne que j'aimois comme une mere, & peut-être plus.

O vous, lecteurs curieux de la grande hiftoire du noyer de la terrafle, écoutez-en l'horrible tragédie, & vous abftenez de frémir fi vous pouvez.

Il y avoit hors la porte de la cour une terrafle à gauche en entrant, fur laquelle on alloit fouvent s'affeoir l'après-midi, mais qui n'avoit point d'ombre. Pour lui en donner M. *Lambercier* y fit planter un noyer. La plantation de cet arbre fe fit avec folemnité. Les deux penfionnaires en furent les parrains, & tandis qu'on combloit le creux, nous tenions l'arbre chacun d'une main, avec des chants de triomphe. On fit pour l'arrofer une efpece de baffin tout autour du pied. Chaque jour, ardens fpectateurs de cet arrofement, nous nous confirmions mon coufin & moi, dans l'idée tres-naturelle qu'il étoit plus beau de planter un arbre fur la terrafle qu'un drapeau fur la bréche ; & nous réfolúmes de nous procurer cette gloire, fans la partager avec qui que ce fût.

Pour cela, nous allâmes couper une bouture d'un jeune faule, & nous la plantâmes fur la terrafse, à huit ou dix pieds de l'augufte noyer. Nous n'oubliâmes pas de faire aufsi un creux autour de notre arbre : la difficulté étoit d'avoir de quoi le remplir ; car l'eau venoit d'afsez loin, & on ne nous laifsoit pas courir pour en aller prendre. Cependant il en falloit abfolument pour notre faule. Nous employâmes toutes fortes de rufes pour lui en fournir durant quelques jours, & cela nous réufsit fi bien que nous le vîmes bourgeonner & poufser de petites feuilles dont nous mefurions l'accroifsement d'heure en heure ; perfuadés, quoiqu'il ne fût pas à un pied de terre, qu'il ne tarderoit pas à nous ombrager.

Comme notre arbre, nous occupant tout entiers, nous rendoit incapables de toute application, de toute étude, que nous étions comme en délire, & que ne fachant à qui nous en avions, on nous tenoit de plus court qu'auparavant ; nous vîmes l'inftant fatal où l'eau nous alloit manquer, & nous nous défolions dans l'attente de voir notre arbre périr de féchereffe. Enfin la né-

ceffité , mere de l'induſtrie, nous fuggéra une invention pour garantir l'arbre
& nous d'une mort certaine : ce fut
de faire par deſſous terre une rigole qui
conduisît fecrétement au faule une partie de l'eau dont on arroſoit le noyer.
Cette entrepriſe, exécutée avec ardeur, ne
réuſſit pourtant pas d'abord. Nous avions
fi mal pris la pente que l'eau ne couloit
point. La terre s'ébouloit & bouchoit la
rigole ; l'entrée fe rempliſſoit d'ordures ;
tout alloit de travers. Rien ne nous
rebuta. *Omnia vincit labor improbus.*
Nous creuſâmes davantage la terre &
notre baſſin pour donner à l'eau fon écou-
lement ; nous coupâmes des fonds de
boîtes en petites planches étroites, dont
les unes miſes de plat à la file, & d'autres poſées en angle des deux côtés fur
celles-là nous firent un canal triangu-
laire pour notre conduit. Nous plantâmes à l'entrée de petits bouts de bois
minces & à claire voie qui, faiſant une
eſpece de grillage ou de crapaudine ,
retenoient le limon & les pierres, fans
boucher le paſſage à l'eau. Nous recou-
vrîmes foigneuſement notre ouvrage de
terre bien foulée , & le jour où tout
fut fait, nous attendîmes dans des tranſes

d'efpérance & de crainte l'heure de l'arrofement. Après des fiecles d'attente
cette heure vint enfin : M. *Lambercier*
vint auffi à fon ordinaire affifter à l'opé-
ration, durant laquelle nous nous tenions tous deux derriere lui pour cacher
notre arbre, auquel très-heureufement
il tournoit le dos.

A peine achevoit on de verfer le premier fceau d'eau que nous commençâmes
d'en voir couler dans notre baffin. A cet
afpect la prudence nous abandonna; nous
nous mîmes à pouffer des cris de joie
qui firent retourner M. *Lambercier* &
ce fut dommage : car il prenoit grand
plaifir à voir comment la terre du noyer
étoit bonne & buvoit avidement fon
eau. Frappé de la voir fe partager entre
deux baffins, il s'écrie à fon tour, regarde, apperçoit la friponnerie, fe fait
brufquement apporter une pioche, donne
un coup, fait voler deux ou trois éclats
de nos planches, & criant à pleine tête :
un aqueduc, un aqueduc! il frappe de
toutes parts des coups impitoyables,
dont chacun portoit au milieu de nos
cœurs. En un moment les planches, le
conduit, le baffin, le faule, tout fut dé-
truit, tout fut labouré; fans qu'il y eût

durant cette expédition terrible , nul autre mot prononcé , sinon l'exclamation qu'il répétoit sans cesse. *Un aqueduc,* s'écrioit-il en brisant tout, *un aqueduc, un aqueduc !*

On croira que l'aventure finit mal pour les petits architectes. On se trompera : tout fut fini. M. *Lambercier* ne nous dit pas un mot de reproche, ne nous fit pas plus mauvais visage, & ne nous en parla plus ; nous l'entendîmes même un peu après rire auprès de sa sœur à gorge déployée ; car le rire de M. *Lambercier* s'entendoit de loin ; & ce qu'il y eut de plus étonnant encore, c'est que, passé le premier saisissement, nous ne fûmes pas nous-mêmes fort affligés. Nous plantâmes ailleurs un autre arbre, & nous nous rappellions souvent la catastrophe du premier , en répétant entre nous avec emphase ; *un aqueduc, un aqueduc !* Jusques-là j'avois eu des accès d'orgueil par intervalles quand j'étois Aristide ou Brutus. Ce fut ici mon premier mouvement de vanité bien marquée. Avoir pu construire un aqueduc de nos mains, avoir mis une bouture en concurrence avec un grand arbre, me paroissoit le suprême degré de la gloire. A dix ans j'en jugeois mieux que Céfar à trente.

L'idée de ce noyer & la petite hiftoire qui s'y rapporte m'eft fi bien reftée ou revenue, qu'un de mes plus agréables projets dans mon voyage de Geneve en 1754, étoit d'aller à Boffey revoir les monumens des jeux de mon enfance, & fur-tout le cher noyer qui devoit alors avoir déjà le tiers d'un fiecle. Je fus fi continuellement obfédé, fi peu maître de moi-même, que je ne pus trouver le moment de me fatisfaire. Il y a peu d'apparence que cette occafion renaiffe jamais pour moi. Cependant je n'en ai pas perdu le defir avec l'efpérance; & je fuis prefque fûr, que fi jamais, retournant dans ces lieux chéris, j'y retrouvois mon cher noyer encore en être, je l'arroferois de mes pleurs.

De retour à Geneve, je paffai deux ou trois ans chez mon oncle en attendant qu'on réfolût ce que l'on feroit de moi. Comme il deftinoit fon fils au génie, il lui fit apprendre un peu de deffin & lui enfeignoit les élémens d'Euclide. J'apprenois tout cela par compagnie, & j'y pris goût, fur-tout

au deſſin. Cependant on délibéroit ſi
l'on me feroit horloger, procureur ou
miniſtre. J'aimois mieux être miniſtre,
car je trouvois bien beau de prêcher.
Mais le petit revenu du bien de ma
mere, à partager entre mon frere &
moi, ne ſuffiſoit pas pour pouſſer mes
études. Comme l'âge où j'étois ne rendoit pas ce choix bien preſſant encore,
je reſtois en attendant chez mon oncle, perdant à peu près mon tems, &
ne laiſſant pas de payer, comme il étoit
juſte, une aſſez forte penſion.

Mon oncle, homme de plaiſir, ainſi
que mon pere, ne ſavoit pas comme
lui ſe captiver pour ſes devoirs, & prenoit aſſez peu de ſoin de nous. Ma tante
étoit une dévote un peu piétiſte, qui
aimoit mieux chanter les pſeaumes que
veiller à notre éducation. On nous laiſſoit preſque une liberté entiere dont
nous n'abuſâmes jamais. Toujours inſéparables, nous nous ſuffiſions l'un à
l'autre, & n'étant point tentés de fréquenter les poliſſons de notre âge, nous
ne prîmes aucune des habitudes liber-
tines que l'oiſiveté nous pouvoit inſpi-
rer. J'ai même tort de nous ſuppoſer
oiſifs, car de la vie nous ne le fûmes

moins, & ce qu'il y avoit d'heureux étoit que tous les amufemens dont nous nous paffionnions fucceffivement nous tenoient enfemble occupés dans la maifon, fans que nous fuffions même tentés de defcendre à la rue. Nous faifions des cages, des flûtes, des volans, des tambours, des maifons, des *équiffles*, des arbalêtres. Nous gâtions les outils de mon bon vieux grand pere, pour faire des montres à fon imitation. Nous avions fur-tout un goût de préférence, pour barbouiller du papier, deffiner, laver, enluminer, faire un dégât de couleurs. Il vint à Geneve un charlatan Italien, appellé *Gamba-corta*; nous allâmes le voir une fois, & puis nous n'y voulûmes plus aller : mais il avoit des marionettes, & nous nous mîmes à faire des marionettes; fes marionettes jouoient des manieres de comédies, & nous fîmes des comédies pour les nôtres. Faute de pratiques nous contrefaifions du gofier la voix de polichinelle, pour jouer ces charmantes comédies que nos pauvres bons parens avoient la patience de voir & d'entendre. Mais mon oncle *Bernard* ayant un jour lu dans la famille un très-beau fermon de fa façon, nous quit-

tâmes les comédies, & nous nous mîmes
à compoſer des ſermons. Ces détails
ne ſont pas fort intéreſſans, je l'avoue ;
mais ils montrent à quel point il falloit
que notre premiere éducation eût été
bien dirigée pour que, maîtres preſque
de notre tems & de nous dans un âge ſi
tendre , nous fuſſions ſi peu tentés
d'en abuſer. Nous avions ſi peu beſoin
de nous faire des camarades, que nous
en négligions même l'occaſion. Quand
nous allions nous promener nous regardions en paſſant leurs jeux ſans convoitiſe , ſans ſonger même à y prendre
part. L'amitié rempliſſoit ſi bien nos
cœurs, qu'il nous ſuffiſoit d'être enſem-
ble , pour que les plus ſimples goûts
fiſſent nos délices.

A force de nous voir inſéparables on
y prit garde ; d'autant plus que mon
couſin étant très-grand & moi très-pe-
tit, cela faiſoit un couple aſſez plai-
ſamment aſſorti. Sa longue figure effi-
lée, ſon petit viſage de pomme cuite,
ſon air mou, ſa démarche nonchalante
excitoient les enfans à ſe moquer de lui.
Dans le patois du pays on lui donna
le ſurnom de *Barnâ Bredanna*, & ſi-
tôt que nous ſortions nous n'entendions

que *Barnâ Bredanna* tout autour de nous. Il enduroit cela plus tranquillement que moi. Je me fâchois, je voulus me battre ; c'étoit ce que les petits coquins demandoient. Je battis, je fus battu. Mon pauvre cousin me soutenoit de son mieux ; mais il étoit foible, d'un coup de poing on le renversoit. Alors je devenois furieux. Cependant quoique j'attrapasse force horions, ce n'étoit pas à moi qu'on en vouloit, c'étoit à *Barnâ Bretanna* ; mais j'augmentai tellement le mal par ma mutine colere, que nous n'osions plus sortir qu'aux heures où l'on étoit en classe, de peur d'être hués & suivis par les écoliers.

Me voilà déjà redresseur des torts. Pour être un paladin dans les formes il ne me manquoit que d'avoir une Dame ; j'en eus deux. J'allois de tems en tems voir mon pere à Nion, petite ville du pays de Vaud où il s'étoit établi. Mon pere étoit fort aimé, & son fils se sentoit de cette bienveillance. Pendant le peu de séjour que je faisois près de lui, c'étoit à qui me féteroit. Une Madame de Vulson sur-tout me faisoit mille caresses, & pour y mettre le comble, sa fille me prit pour son galant. On sent ce que c'est qu'un galant d'onze ans , pour une fille de vingt-deux. Mais toutes ces friponnes sont si aifes de mettre ainfi de petites poupées en avant pour cacher les grandes , ou pour les tenter par l'image d'un jeu qu'elles favent rendre attirant. Pour moi qui ne voyois point entre elle & moi de difconvenance , je pris la chofe au férieux ; je me livrai de tout mon cœur, ou plutôt de toute ma tête ; car je n'étois gueres amoureux que par-là , quoique je le fuffe à la folie , & que mes tranfports , mes agitations , mes fureurs donnaffent des fcenes à pâmer de rire.

Je connois deux fortes d'amours très-diftincts , très-réels , & qui n'ont prefque rien de commun , quoique très-vifs l'un & l'autre , & tous deux différens de la tendre amitié. Tout le cours de ma vie s'eft partagé entre ces deux amours de fi diverfes natures , & je les ai même éprouvés tous deux à la fois ; car , par exemple , au moment dont je parle , tandis que je m'emparois de Mlle. de *Vulfon* fi publiquement & fi tyranniquement que je ne pouvois souffrir qu'aucun homme approchât d'elle ,

j'avois avec une petite Mlle. *Goton* des
tête-à-tétes assez courts mais assez vifs,
dans lesquels elle daignoit faire la maîtresse d'école, & c'étoit tout ; mais ce
tout, qui en effet étoit tout pour moi,
me paroissoit le bonheur suprême, &
sentant déjà le prix du mystere, quoique je n'en susse user qu'en enfant, je
rendois à Mlle. *Vulson*, qui ne s'en
doutoit gueres, le soin qu'elle prenoit
de m'employer à cacher d'autres amours.
Mais à mon grand regret mon secret fut
découvert ou moins bien gardé de la
part de ma petite maîtresse d'école que
de la mienne ; car on ne tarda pas à
nous séparer.

C'étoit en vérité une singuliere personne que cette petite Mlle. *Goton*. Sans
être belle elle avoit une figure difficile
à oublier, & que je me rappelle encore, souvent beaucoup trop pour un
vieux fou. Ses yeux sur-tout n'étoient
pas de son âge, ni sa taille, ni son
maintien. Elle avoit un petit air impo-
sant & fier, très-propre à son rôle, &
qui en avoit occasionné la premiere
idée entre nous. Mais ce qu'elle avoit
de plus bizarre étoit un mélange d'audace & de réserve difficile à concevoir.
Elle

Elle fe permettoit avec moi les plus
grandes privautés fans jamais m'en permettre aucune avec elle ; elle me traitoit exactement en enfant. Ce qui me
fait croire, ou qu'elle avoit déjà ceffé
de l'être, ou qu'au contraire elle l'é-
toit encore affez elle-même pour ne voir
qu'un jeu dans le péril auquel elle
s'expofoit.

J'étois tout entier pour ainfi dire à
chacune de ces deux perfonnes, & fi
parfaitement qu'avec aucune des deux
il ne m'arrivoit jamais de fonger à
l'autre. Mais du refte rien de femblable
en ce qu'elles me faifoient éprouver.
J'aurois paffé ma vie entiere avec Mlle de
Vulfon fans fonger à la quitter ; mais
en l'abordant ma joie étoit tranquille &
n'alloit pas à l'émotion. Je l'aimois fur-
tout en grande compagnie ; les plaifan-
teries, les agaceries, les jaloufies mêmes m'attachoient, m'intéreffoient ; je
triomphois avec orgueil de fes préfé-
rences, près des grands rivaux qu'elle
paroiffoit maltraiter. J'étois tourmenté,
mais j'aimois ce tourment. Les applau-
diffemens, les encouragemens, les ris
m'échauffoient, m'animoient. J'avois
des emportemens, des faillies ; j'étois

transporté d'amour dans un cercle. Tête-
à - téte j'aurois été contraint, froid,
peut-étre ennuyé. Cependant je m'in-
téreffois tendrement à elle, je fouffrois
quand elle étoit malade : j'aurois donné
ma fanté pour rétablir la fienne, &
notez que je favois très-bien par expérience ce que c'étoit que maladie, &
ce que c'étoit que fanté. Abfent d'elle
j'y penfois, elle me manquoit ; préfent,
fes careffes m'étoient douces au cœur,
non aux fens. J'étois impunément familier avec elle ; mon imagination ne me
demandoit que ce qu'elle m'accordoit :
cependant je n'aurois pu fupporter de
lui en voir faire autant à d'autres. Je
l'aimois en frere ; mais j'en étois jaloux
en amant.

Je l'euffe été de Mlle. *Goton* en Turc,
en furieux, en tigre, fi j'avois feulement imaginé qu'elle pût faire à un
autre le même traitement qu'elle m'accordoit ; car cela même étoit une grace
qu'il falloit demander à genoux. J'abor-
dois Mlle. de *Vulfon* avec un plaifir
très - vif, mais fans trouble ; au lieu qu'en
voyant feulement Mlle. *Goton*, je ne
voyois plus rien ; tous mes fens étoient
bouleverfés. J'étois familier avec la pre-

miere, fans avoir de familiarités ; au contraire j’étois auffi tremblant qu’agité devant la feconde, même au fort des plus grandes familiarités. Je crois que fi j’avois refté trop long-tems avec elle je n’aurois pu vivre ; les palpitations m’auroient étouffé. Je craignois également de leur déplaire; mais j’étois plus complaifant pour l’une & plus obéiffant pour l’autre. Pour rien au monde je n’aurois voulu fâcher Mlle. de *Vulfon*, mais fi Mlle. *Goton* m’eût ordonné de me jetter dans les flammes, je crois qu’à l’inftant j’aurois obéi.

Mes amours ou plutôt mes rendez-vous avec celle-ci durerent peu, très-heureufement pour elle & pour moi. Quoique mes liaifons avec Mlle. de *Vulfon* n’euffent pas le même danger, elles ne laifferent pas d’avoir auffi leur cataftrophe, après avoir un peu plus long-tems duré. Les fins de tout cela devoient toujours avoir l’air un peu ro-manefque & donner prife aux exclama-tions. Quoique mon commerce avec Mlle. de *Vulfon* fût moins vif, il étoit plus attachant peut-être. Nos féparations ne fe faifoient jamais fans larmes, & il eft fingulier dans quel vide acca-

blant je me fentois plongé après l'avoir
quittée. Je ne pouvois parler que d'elle,
ni penfer qu'à elle ; mes regrets étoient
vrais & vifs : mais je crois qu'au fond ces
héroïques regrets n'étoient pas tous pour
elle, & que, fans que je m'en apper-
çuffe, les amufemens dont elle étoit le
centre y avoient leur bonne part. Pour
tempérer les douleurs de l'abfence, nous
nous écrivions des lettres d'un pathé-
tique à faire fendre les rochers. Enfin
j'eus la gloire qu'elle n'y put plus tenir
& qu'elle vint me voir à Geneve. Pour
le coup la tête acheva de me tourner ;
je fus ivre & fou les deux jours qu'elle
y refla. Quand elle partit, je voulois
me jetter dans l'eau après elle, & je
fis long-tems retentir l'air de mes cris.
Huit jours après elle m'envoya des bonbons & des gants ; ce qui m'eût paru
fort galant, fi je n'euffe appris en même
tems qu'elle étoit mariée, & que ce
voyage dont il lui avoit plû de me faire
honneur, étoit pour acheter fes habits
de noces. Je ne décrirai pas ma fureur ;
elle fe conçoit. Je jurai dans mon noble
courroux de ne plus revoir la perfide,
n'imaginant pas pour elle de plus terrible punition. Elle n'en mourut pas,

cependant ; car vingt ans après, étant allé voir mon pere, & me promenant avec lui fur le lac, je demandai qui étaient des Dames que je voyois dans un bateau peu loin du nôtre. Comment, me dit mon pere en fouriant, le cœur ne te le dit-il pas ? Ce font tes anciennes amours ; c'eft Madame *Criftin*, c'eft Mlle. de *Vulfon*. Je treffaillis à ce nom prefque oublié : mais je dis aux bateliers de changer de route ; ne jugeant pas, quoique j'euffe affez beau jeu pour prendre alors ma revanche, que ce fût la peine d'être parjure, & de renouveller une querelle de vingt ans avec une femme de quarante.

Ainfi fe perdoit en niaiferies le plus précieux tems de mon enfance, avant qu'on eût décidé de ma deftination. Après de longues délibérations pour fuivre mes difpofitions naturelles, on prit enfin le parti pour lequel j'en avois le moins, & l'on me mit chez M. *Maf-feron*, greffier de la ville, pour apprendre fous lui, comme difoit M. *Bernard*, l'utile métier de grapignan. Ce furnom me déplaifoit fouverainement ; l'efpoir de gagner force écus par une voie ignoble flattoit peu mon humeur

hautaine ; l'occupation me paroiſſoit ennuyeuſe, inſupportable ; l'aſſiduité, l'aſſujettiſſement acheverent de m'en rebuter , & je n'entrois jamais au greffe
qu'avec une horreur qui croiſſoit de
jour en jour. M. *Maſſeron*, de ſon côté,
peu content de moi, me traitoit avec
mépris, me reprochant ſans ceſſe mon
engourdiſſement, ma bêtiſe ; me répétant tous les jours que mon oncle l'a-
voit aſſuré, *que je ſavois, que je ſavois*,
tandis que dans le vrai je ne ſavois rien ;
qu'il lui avoit promis un joli garçon,
& qu'il ne lui avoit donné qu'un âne.
Enfin je fus renvoyé du greffe ignomi-
nieuſement pour mon ineptie, & il fut
prononcé par les clercs de M. *Maſſeron* que je n'étois bon qu'à mener la
lime.

Ma vocation ainſi déterminée, je fus
mis en apprentiſſage ; non toutefois chez
un horloger , mais chez un graveur.
Les dédains du greffier m'avoient ex-
trémement humilié, & j'obéis ſans mur-
mure. Mon maître appellé M. *Ducom-
mun* étoit un jeune homme ruſtre &
violent, qui vint à bout en très-peu de
tems de ternir tout l'éclat de mon enfance, d'abrutir mon caractere aimant

& vif, & de me réduire par l'esprit ainsi que par la fortune à mon véritable état d'apprentif. Mon latin, mes antiquités, mon histoire, tout fut pour long-tems oublié : je ne me souvenois pas même qu'il y eût eu des Romains au monde. Mon pere, quand je l'allois voir, ne trouvoit plus en moi son idole ; je n'étois plus pour les Dames le galant *Jean-Jacques*, & je sentois si bien moi-même que M. & Mlle. *Lambercier* n'auroient plus reconnu en moi leur éleve, que j'eus honte de me représenter à eux, & ne les ai plus revus depuis lors. Les goûts les plus vils, la plus basse polissonnnerie succéderent à mes aimables amusemens, sans m'en laisser même la moindre idée. Il faut que malgré l'éducation la plus honnête, j'eusse un grand penchant à dégénérer ; car cela se fit très-rapidement, sans la moindre peine, & jamais César si précoce ne devint si promptement Laridon.

Le métier ne me déplaisoit pas en lui-même ; j'avois un goût vif pour le dessin ; le jeu du burin m'amusoit assez, & comme le talent du graveur pour l'horlogerie est très-borné, j'avois l'espoir d'en atteindre la perfection. J'y ferois parvenu, peut-être, fi la brutalité de mon maître & la gêne exceffive ne m'avoient rebuté du travail. Je lui dérobois mon tems, pour l'employer en occupations du même genre, mais qui avoient pour moi l'attrait de la liberté. Je gravois des efpeces de médailles pour nous fervir à moi & à mes camarades d'ordre de Chevalerie. Mon maître me furprit à ce travail de contrebande, & me roua de coups, difant que je m'exerçois à faire de la fauffe monnoie, parce que nos médailles avoient les armes de la République. Je puis bien jurer que je n'avois nulle idée de la fauffe monnoie, & très-peu de la véritable. Je favois mieux comment fe faifoient les As romains que nos pieces de trois fous.

La tyrannie de mon maître finit par me rendre infupportable le travail que j'aurois aimé, & par me donner des vices que j'aurois haïs, tels que le menfonge, la fainéantife, le vol. Rien ne m'a mieux appris la différence qu'il y a de la dépendance filiale à l'efclavage fervile, que le fouvenir des changemens que produifit en moi cette époque.

Naturellement timide & honteux, je
n'eus jamais plus d'éloignement pour
aucun défaut que pour l'effronterie. Mais
j'avois joui d'une liberté honnête qui
seulement s'étoit restreinte jusques-là
par degrés, & s'évanouit enfin tout-à-
fait. J'étois hardi chez mon pere, libre
chez M. *Lambercier*, discret chez mon
oncle; je devins craintif chez mon maître, & dès-lors je fus un enfant perdu.
Accoutumé à une égalité parfaite avec
mes supérieurs dans la maniere de vivre,
à ne pas connoître un plaisir qui ne fût
à ma portée, à ne pas voir un mets
dont je n'eusse ma part, à n'avoir pas
un desir que je ne témoignasse, à mettre
enfin tous les mouvemens de mon cœur
sur mes levres, qu'on juge de ce que
je dus devenir dans une maison où je
n'osois pas ouvrir la bouche, où il falloit sortir de table au tiers du repas,
& de la chambre aussi-tôt que je n'y
avois rien à faire, où sans cesse en-
chaîné à mon travail, je ne voyois
qu'objets de jouissances pour d'autres &
de privations pour moi seul, où l'image
de la liberté du maître & des compa-
gnons augmentoit le poids de mon as-
sujettissement, où, dans les disputes sur

ce que je favois le mieux je n'ofois ouvrir la bouche, où tout enfin ce que
je voyois devenoit pour mon cœur un
objet de convoitife, uniquement parce
que j'étois privé de tout. Adieu, l'ai-
fance, la gaîté, les mots heureux qui
jadis fouvent dans mes fautes m'avoient
fait échapper au châtiment. Je ne puis
me rappeller fans rire qu'un foir chez
mon pere, étant condamné pour quelque efpiéglerie à m'aller coucher fans
fouper, & paffant par la cuifine avec
mon trifte morceau de pain, je vis &
flairai le rôti tournant à la broche. On
étoit autour du feu ; il fallut en paffant
faluer tout le monde. Quand la ronde
fut faite, lorgnant du coin de l'œil ce
rôti qui avoit fi bonne mine & qui fentoit fi bon, je ne pus m'abftenir de lui
faire auffi la révérence & de lui dire d'un
ton piteux : *adieu rôti.* Cette faillie de naï-
veté parut fi plaifante qu'on me fit refter
à fouper. Peut être eût-elle eu le même
bonheur chez mon maître, mais il eft
fûr qu'elle ne m'y feroit pas venue, ou
que je n'aurois ofé m'y livrer.

Voilà comment j'appris à convoiter
en filence, à me cacher, à diffimuler,
à mentir, & à dérober, enfin ; fantaifie

qui jufqu'alors ne m'étoit pas venue, &
dont je n'ai pu depuis lors bien me
guérir. La convoitife & l'impuiflance
menent toujours là. Voilà pourquoi tous
les laquais font fripons, & pourquoi
tous les apprentifs doivent l'être; mais
dans un état égal & tranquille, où tout
ce qu'ils voyent eft à leur portée, ces derniers perdent en grandiflant ce honteux
penchant. N'ayant pas eu le même avantage, je n'en ai pu tirer le même profit.

Ce font prefque toujours de bons
fentimens mal dirigés qui font faire aux
enfans le premier pas vers le mal. Malgré les privations & les tentations con-
tinuelles, j'avois demeuré plus d'un an
chez mon maître fans pouvoir me réfoudre à rien prendre, pas même des
chofes à manger. Mon premier vol fut
une affaire de complaifance; mais il ouvrit la porte à d'autres, qui n'avoient
pas une fi louable fin.

Il y avoit chez mon maître un compagnon appellé M. *Verrat*, dont la maifon, dans le voifinage, avoit un jardin
aflez éloigné qui produifoit de très-
belles afperges. Il prit envie à M. *Verrat*, qui n'avoit pas beaucoup d'argent,
de voler à fa mere des afperges dans

leur primeur, & de les vendre pour faire quelques bons déjeûnés. Comme il ne vouloit pas s'expofer lui-même & qu'il n'étoit pas fort imgambe, il me choifit pour cette expédition. Après quelques cajoleries préliminaires qui me gagnerent d'autant mieux que je n'en voyois pas le but, il me la propofa comme une idée qui lui venoit fur le champ. Je difputai beaucoup ; il infifta. Je n'ai jamais pu réfifter aux careffes ; je me rendis. J'allois tous les matins moiffonner les plus belles afperges ; je les portois au Molard, où quelque bonne femme qui voyoit que je venois de les voler, me le difoit pour les avoir à meilleur compte. Dans ma frayeur je prenois ce qu'elle vouloit bien me donner ; je le portois à M. *Verrat*. Cela fe changeoit promptement en un déjeûné dont j'étois le pourvoyeur, & qu'il partageoit avec un autre camarade ; car pour moi, très-content d'en avoir quelque bribe, je ne touchois pas même à leur vin.

Ce petit manege dura plufieurs jours fans qu'il me vînt même à l'efprit de voler le voleur, & de dîmer fur M. *Verrat* le produit de fes afperges. J'exécutois ma friponnerie avec la plus grande fidélité; mon seul motif étoit de complaire à celui qui me la faisoit faire. Cependant si j'eusse été surpris, que de coups, que d'injures, quels traitemens cruels n'eussai-je point essuyés, tandis que le misérable en me démentant eût été cru sur sa parole, & moi doublement puni pour avoir osé le charger, attendu qu'il étoit compagnon, & que je n'étois qu'apprentif. Voilà comment en tout état le fort coupable se sauve aux dépens du foible innocent.

J'appris ainsi qu'il n'étoit pas si terrible de voler que je l'avois cru, & je tirai bientôt si bon parti de ma science, que rien de ce que je convoitois n'étoit à ma portée en sûreté. Je n'étois pas absolument mal nourri chez mon maître, & la sobriété ne m'étoit pénible qu'en la lui voyant si mal garder. L'usage de faire sortir de table les jeunes gens quand on y sert ce qui les tente le plus, me paroît très-bien entendu pour les rendre aussi friands que fripons. Je devins en peu de tems l'un & l'autre, & je m'en trouvois fort bien pour l'ordinaire, quelquefois fort mal, quand j'étois surpris.

Un souvenir qui me fait fremir en-

core & rire tout à la fois, est celui
d'une chasse aux pommes qui me coûta
cher. Ces pommes étoient au fond d'une
dépense, qui par une jalousie élevée re-
cevoit du jour de la cuisine. Un jour
que j'étois seul dans la maison, je mon-
tai sur la may pour regarder dans le
jardin des Hespérides ce précieux fruit
dont je ne pouvois approcher. J'allai
chercher la broche pour voir si elle y
pourroit atteindre : elle étoit trop courte.
Je l'allongeai par une autre petite broche qui servoit pour le menu gibier ;
car mon maître aimoit la chasse. Je pi-
quai plusieurs fois sans succès ; enfin je
sentis avec transport que j'amenois une
pomme ; je tirai très-doucement ; déja
la pomme touchoit à la jalousie ; j'étois
prêt à la saisir. Qui dira ma douleur. La
pomme étoit trop grosse ; elle ne put passer
par le trou. Que d'inventions ne mis-je
point en usage pour la tirer ? Il fallut
trouver des supports pour tenir la broche en état, un couteau assez long pour
fendre la pomme, une latte pour la
soutenir. A force d'adresse & de tems je
parvins à la partager, espérant tirer ensuite les pieces l'une après l'autre. Mais
à peine furent-elles séparées qu'elles tom-

berent toutes deux dans la dépenfe. Lecteur pitoyable, partagez mon affliction!

Je ne perdis point courage; mais j'a-
vois perdu beaucoup de tems. Je craignois d'être furpris; je renvoie au lendemain une tentative plus heureufe, &
je me remets à l'ouvrage tout auffi tranquillement que fi je n'avois rien fait,
fans fonger aux deux témoins indifcrets
qui dépofoient contre moi dans la dépenfe.

Le lendemain retrouvant l'occafion
belle, je tente un nouvel effai. Je monte
fur mes tretaux, j'allonge la broche, je
l'ajufte, j'étois prêt à piquer..... malheureufement le dragon ne dormoit pas;
tout-à-coup la porte de la dépenfe s'ouvre; mon maître en fort, croife les
bras, me regarde, & me dit : courage...... La plume me tombe des
mains.

Bientôt à force d'effuyer de mauvais
traitemens, j'y devins moins fenfible;
ils me parurent enfin une forte de com-
penfation du vol, qui me mettoit en
droit de le continuer. Au lieu de retourner les yeux en arriere & de regarder la punition, je les portois en avant
& je regardois la vengeance. Je jugeois

que me battre comme fripon, c'étoit m'autorifer à l'être. Je trouvois que voler & être battu alloient enfemble, & conftituoient en quelque forte un état, & qu'en rempliffant la partie de cet état qui dépendoit de moi, je pouvois laiffer le foin de l'autre à mon maître. Sur cette idée, je me mis à voler plus tranquillement qu'auparavant. Je me difois ; qu'en arrivera t-il enfin ? Je ferai battu. Soit : je fuis fait pour l'être.

J'aime à manger fans être avide ; je fuis fenfuel & non pas gourmand. Trop d'autres goûts me diftraifent de celui là. Je ne me fuis jamais occupé de ma bouche que quand mon cœur étoit oifif, & cela m'eft fi rarement arrivé dans ma vie, que je n'ai gueres eu le tems de fonger aux bons morceaux. Voilà pourquoi je ne bornai pas long-tems ma friponnerie au comeftible, je l'étendis bientôt à tout ce qui me tentoit, & fi je ne devins pas un voleur en forme, c'eft que je n'ai jamais été beaucoup tenté d'argent. Dans le cabinet commun mon maître avoit un autre cabinet à part, qui fermoit à clef ; je trouvai le moyen d'en ouvrir la porte & de la refermer fans qu'il y parût. Là je mettois à contribution fes bons outils, fes meilleurs deffins, fes empreintes, tout ce qui me faifoit envie & qu'il affectoit d'éloigner de moi. Dans le fond ces vols étoient bien innocens, puifqu'ils n'étoient faits que pour être employés à fon fervice : mais j'étois tranfporté de joie d'avoir ces bagatelles en mon pouvoir ; je croyois voler le talent avec fes productions. Du refte il y avoit dans des boîtes des recoupes d'or & d'argent, de petits bijoux, des pieces de prix, de la monnoie. Quand j'avois quatre ou cinq fols dans ma poche, c'étoit beaucoup : cependant loin de toucher à rien de tout cela, je ne me fouviens pas même d'y avoir jetté de ma vie un regard de convoitife. Je le voyois avec plus d'effroi que de plaifir. Je crois bien que cette horreur du vol de l'argent & de ce qui en produit me venoit en grande partie de l'éducation. Il fe mêloit à cela des idées fecretes d'infamie, de prifon, de châtiment, de potence, qui m'auroient fait frémir fi j'avois été tenté, au lieu que mes tours ne me fembloient que des efpiégleries, & n'étoient pas autre chofe en effet. Tout cela ne pouvoit valoir que d'être bien étrillé par mon maî-

tre , & d'avance je m'arrangeois là-
deſſus.

Mais encore une fois, je ne convoitois pas même aſſez pour avoir à m'ab-
ſtenir ; je ne ſentois rien à combattre.
Une ſeule feuille de beau papier à deſſi-
ner me tentoit plus que l'argent pour en
payer une rame. Cette bizarrerie tient
à une des ſingularités de mon caractere ; elle a eu tant d'influence ſur ma
conduite, qu'il importe de l'expliquer.

J'ai des paſſions très - ardentes, &
tandis qu'elles m'agitent rien n'égale mon
impétuoſité ; je ne connois plus ni mé-
nagement ni reſpect, ni crainte ni bienféance ; je ſuis cynique, effronté, violent,
intrépide : il n'y a ni honte qui m'arrête
ni danger qui m'effraye. Hors le ſeul
objet qui m'occupe , l'univers n'eſt plus
rien pour moi : mais tout cela ne dure
qu'un moment , & le moment qui ſuit
me jette dans l'anéantiſſement. Prenez-
moi dans le calme je ſuis l'indolence &
la timidité même : tout m'effarouche ,
tout me rebute , une mouche en volant
me fait peur ; un mot à dire, un geſte
à faire épouvante ma pareſſe , la crainte
& la honte me ſubjuguent à tel point ,
que je voudrois m'éclipſer aux yeux

de tous les mortels. S'il faut agir je ne
fais que faire ; s'il faut parler je ne fais
que dire ; fi l'on me regarde je fuis décontenancé. Quand je me paffionne je
fais trouver quelquefois ce que j'ai à dire ;
mais dans les entretiens ordinaires je ne
trouve rien, rien du tout ; ils me font
infupportables par cela feul que je fuis
obligé de parler.

Ajoutez qu'aucun de mes goûts do-
minans ne confifte en chofes qui s'ache-
tent. Il ne me faut que des plaifirs purs,
& l'argent les empoifonne tous. J'aime,
par exemple, ceux de la table ; mais ne
pouvant fouffrir, ni la gêne de la bonne compagnie, ni la crapule du caba-
ret, je ne puis les goûter qu'avec un
ami, car feul, cela ne m'eft pas poffible : mon imagination s'occupe alors
d'autre chofe, & je n'ai pas le plaifir
de manger. Si mon fang allumé me demande des femmes, mon cœur ému me
demande encore plus de l'amour. Des
femmes à prix d'argent perdroient pour
moi tous leurs charmes ; je doute même
s'il feroit en moi d'en profiter. Il en eft
ainfi de tous les plaifirs à ma portée :
s'ils ne font gratuits je les trouve infipides. J'aime les feuls biens qui ne font à

perſonne qu'au premier qui ſait les goûter.

Jamais l'argent ne me parut une choſe auſſi précieuſe qu'on la trouve. Bien plus : il ne m'a même jamais paru fort commode ; il n'eſt bon à rien par lui-même ; il faut le transformer pour en jouir ; il faut acheter, marchander, ſouʋent être dupe, bien payer, être mal ſervi. Je voudrois une choſe bonne dans ſa qualité : avec mon argent je ſuis ſûr de l'avoir mauvaiſe. J'achete cher un œuf frais, il eſt vieux ; un beau fruit, il eſt verd ; une fille, elle eſt gâtée. J'aime le bon vin ; mais où en prendre ? Chez un marchand de vin ? Comme que je faſſe il m'enpoiſonnera. Veux-je abſolument être bien ſervi ? Que de ſoins, que d'embarras ! avoir des amis, des correſpondans, donner des commiſſions, écrire, aller, venir, attendre, & ſouvent au bout être encore trompé. Que de peine avec mon argent ! je la crains plus que je n'aime le bon vin.

Mille fois durant mon apprentiſſage & depuis, je ſuis ſorti dans le deſſein d'acheter quelque friandiſe. J'approche de la boutique d'un pâtiſſier, j'apperçois des femmes au comptoir ; je crois déjà les voir rire & ſe moquer entr'elles du petit gourmand. Je paffe devant une fruitiere, je lorgne du coin de l'œil de belles poires, leur parfum me tente ; deux ou trois jeunes gens tout près de-là me regardent ; un homme qui me connoît eft devant fa boutique ; je vois de loin venir une fille ; n'eft-ce point la fervante de la maifon ? Ma vue courte me fait mille illufions. Je prends tous ceux qui paffent pour des gens de ma connoif-fance : partout je fuis intimidé, retenu par quelqu'obftacle : mon defir croît avec ma honte, & je rentre enfin comme un fot , dévoré de convoitife , ayant dans ma poche de quoi la fatisfaire , & n'ayant ofé rien acheter.

J'entrerois dans les plus infipides dé-tails , fi je fuivois dans l'emploi de mon argent , foit par moi foit par d'autres, l'embarras , la honte, la répugnance , les inconvéniens, les dégoûts de toute ef-pece que j'ai toujours éprouvés. A me-fure qu'avançant dans ma vie le lecteur prendra connoiffance de mon humeur, il fentira tout cela fans que je m'appé-fantiffe à le lui dire.

Cela compris, on comprendra fans peine une de mes pretendues contradic-tions ; celle d'allier une avarice prefque fordide avec le plus grand mépris pour l'argent. C'eſt un meuble pour moi ſi peu commode, que je ne m'aviſe pas même de deſirer celui que je n'ai pas, & que quand j'en ai je le garde long-tems ſans le dépenſer, faute de ſavoir l'employer à ma fantaiſie : mais l'occaſion commode & agréable ſe préſente-t-elle? j'en profite ſi bien que ma bourſe ſe vuide avant que je m'en ſois apperçu. Du reſte, ne cherchez pas en moi le tic des avares, celui de dépenſer pour l'oſtentation ; tout au contraire, je dépenſe en ſecret & pour le plaiſir : loin de me faire gloire de dépenſer, je m'en cache. Je ſens ſi bien que l'argent n'eſt pas à mon uſage, que je ſuis preſque honteux d'en avoir, encore plus de m'en ſervir. Si j'avois eu jamais un revenu ſuffiſant pour vivre commodément, je n'aurois point été tenté d'être avare, j'en ſuis très-ſûr. Je dépenſerois tout mon revenu ſans chercher à l'augmenter ; mais ma ſituation précaire me tient en crainte. J'adore la liberté : j'abhorre la gêne, la peine, l'aſſujettiſſement. Tant que dure l'argent que j'ai dans ma bourſe, il aſſure mon indépendance, il me diſpenſe de m'intriguer pour en trouver d'autre ; néceffité que j'eus toujours en horreur : mais de peur de le voir finir, je le choye : l'argent qu'on poffede eft l'inftrument de la liberté ; celui qu'on pourchaffe eft celui de la fervitude. Voilà pourquoi je ferre bien & ne convoite rien.

Mon défintéreffement n'eft donc que pareffe ; le plaifir d'avoir ne vaut pas la peine d'acquérir ; & ma diffipation n'eft encore que pareffe : quand l'occafion de dépenfer agréablement fe préfente, on ne peut trop la mettre à profit. Je fuis moins tenté de l'argent que des chofes, parce qu'entre l'argent & la poffeffion defirée, il y a toujours un intermédiaire, au lieu qu'entre la chofe même & fa jouiffance il n'y en a point. Je vois la chofe, elle me tente ; fi je ne vois que le moyen de l'acquérir, il ne me tente pas. J'ai donc été fripon, & quelquefois je le fuis encore de bagatelles qui me tentent & que j'aime mieux prendre que demander. Mais, petit ou grand, je ne me fouviens pas d'avoir pris de ma vie un liard à perfonne : hors une feule fois, il n'y a pas quinze ans, que je volai fept livres dix fous. L'aventure vaut la peine d'être contée ; car il s'y trouve un con-

cours impayable d'effronterie & de bê-
tife, que j'aurois peine moi-même à
croire, s'il regardoit un autre que moi.

C'étoit à Paris. Je me promenois avec
M. de *Francueil* au Palais-Royal fur les
cinq heures. Il tire fa montre, la regarde, & me dit; allons à l'Opéra: je le
veux bien; nous allons. Il prend deux
billets d'amphithéâtre, m'en donne un,
& paffe le premier avec l'autre; je le
fuis, il entre. En entrant après lui, je
trouve la porte embarraffée. Je regarde,
je vois tout le monde debout, je juge
que je pourrai bien me perdre dans cette
foule, ou du moins laiffer fuppofer à
M. de *Francueil* que j'y fuis perdu. Je
fors, je reprends ma contremarque, puis
mon argent, & je m'en vais, fans fonger qu'à peine avois-je atteint la porte,
que tout le monde étoit affis, & qu'a-
lors M. de *Francueil* voyoit clairement
que je n'y étois plus.

Comme jamais rien ne fut plus éloigné de mon humeur que ce trait-là, je
le note, pour montrer qu'il y a des momens d'une efpece de délire, où il ne
faut point juger des hommes par leurs
actions. Ce n'étoit pas précifément voler cet argent; c'étoit en voler l'emploi;

moins

moins c'étoit un vol, plus c'étoit une infamie.

Je ne finirois pas ces détails, fi je voulois fuivre toutes les routes par lef-quelles, durant mon apprentiffage, je paffai de la fublimité de l'héroïfme à la baffeffe d'un vaurien. Cependant en prenant les vices de mon état, il me fut impoffible d'en prendre tout-à-fait les goûts. Je m'ennuyois des amufemens de mes camarades, & quand la trop grande gêne m'eut auffi rebuté du travail, je m'ennuyai de tout. Cela me rendit le goût de la lecture que j'avois perdu depuis long-tems. Ces lectures, prifes fur mon travail, devinrent un nouveau crime, qui m'attira de nouveaux châtimens. Ce goût irrité par la contrainte, devint paffion, bientôt fureur. *La Tribu*, fameufe loueufe de livres, m'en fournifloit de toute efpece. Bons & mauvais tout paffoit, je ne choififois point; je lifois tout avec une égale avidité. Je lifois à l'établi, je lifois en allant faire mes meffages, je lifois à la garderobe & m'y oubliois des heures entieres, la tête me tournoit de la lecture, je ne faifois plus que lire. Mon maître m'épioit, me furprenoit, me bat-

toit, me prenoit mes livres. Que de vo-
lumes furent déchirés, brûlés, jettés par
les fenêtres ! Que d'ouvrages restèrent
dépareillés chez *la Tribu !* Quand je
n'avois plus de quoi la payer, je lui donnois mes chemises, mes cravates, mes
hardes, mes trois sous d'étrennes tous
les dimanches lui étoient réguliérement
portés.

Voilà donc, me dira-t on, l'argent
devenu nécessaire. Il est vrai ; mais ce
fut quand la lecture m'eut ôté toute activité. Livré tout entier à mon nouveau
goût, je ne faisois plus que lire, je ne
volois plus. C'est encore ici une de mes
différences caractéristiques. Au fort d'u-
ne certaine habitude d'être un rien me
distrait, me change, m'attache , enfin
me passionne, & alors tout est oublié.
Je ne songe plus qu'au nouvel objet qui
m'occupe. Le cœur me battoit d'impatience de feuilleter le nouveau livre que
j'avois dans la poche ; je le tirois aussi-
tôt que j'étois seul , & ne songeois plus
à fouiller le cabinet de mon maître. J'ai
même peine à croire que j'eusse volé,
quand même j'aurois eu des passions plus
coûteuses. Borné au moment présent,
il n'étoit pas dans mon tour d'esprit de

m'arranger ainſi pour l'avenir. *La Tribu* me faiſoit crédit, les avances étoient petites, & quand j'avois empoché mon livre, je ne ſongeois plus à rien. L'argent qui me venoit naturellement paſſoit de même à cette femme, & quand elle devenoit preſſante, rien n'étoit plutôt ſous ma main, que mes propres effets.

Voler par avance, étoit trop de prévoyance, & voler pour payer n'étoit pas même une tentation.

A force de querelles, de coups, de lectures dérobées & mal choiſies, mon humeur devint taciturne, ſauvage, ma tête commençoit à s'altérer, & je vivois en vrai loup-garou. Cependant ſi mon goût ne me préſerva pas des livres plats & fades, mon bonheur me préſerva des livres obſcenes & licencieux ; non que *la Tribu*, femme à tous égards très-accommodante, ſe fît un ſcrupule de m'en prêter. Mais pour les faire valoir elle me les nommoit avec un air de myſtere, qui me forçoit préciſément à les refuſer, tant par dégoût que par honte, & le haſard ſeconda ſi bien mon humeur pudique, que j'avois plus de trente ans avant que j'euſſe jetté les yeux ſur aucun de ces dangereux livres.

En moins d'un an j'épuisai la mince boutique de *la Tribu*, & alors je me trouvai dans mes loisirs cruellement désœuvré. Guéri de mes gouts d'enfant & de polisson par celui de la lecture, & même par mes lectures, qui, bien que sans choix & souvent mauvaises, ramenoient pourtant mon cœur à des sentimens plus nobles que ceux que m'avoit donné mon état. Dégoûté de tout ce qui étoit à ma portée, & sentant trop loin de moi tout ce qui m'auroit tenté, je ne voyois rien de possible qui pût flatter mon cœur. Mes sens émus depuis long-tems me demandoient une jouissance dont je ne savois pas même imaginer l'objet. J'étois aussi loin du véritable que si je n'avois point eu de sexe, & déjà pubere & sensible, je pensois quelquefois à mes folies, mais je ne voyois rien au-delà. Dans cette étrange situation, mon inquiete imagination prit un parti qui me sauva de moi-même & calma ma naissante sensualité. Ce fut de se nourrir des situations qui m'avoient intéressé dans mes lectures, de les rappeller, de les varier, de les combiner, de me les approprier tellement que je devinsse un des personnages que j'imaginois, que je me viſſe toujours dans les poſitions les plus agréables ſelon mon goût; enfin que l'état fictif où je venois à bout de me mettre, me fît oublier mon état réel dont j'étois ſi mécontent. Cet amour des objets imaginaires & cette facilité de m'en occuper, acheverent de me dégoûter de tout ce qui m'entouroit, & déterminerent ce goût pour la ſolitude, qui m'eſt toujours reſté depuis ce tems là. On verra plus d'une fois dans la ſuite les bizarres effets de cette diſpoſition ſi miſantrope & ſi ſombre en apparence, mais qui vient en effet d'un cœur trop affectueux, trop aimant, trop tendre, qui, faute d'en trouver d'exiſtans qui lui reſſemblent, eſt forcé de s'alimenter de fictions. Il me ſuffit, quant à préſent, d'avoir marqué l'origine & la premiere cauſe d'un penchant qui a modifié toutes mes paſſions, & qui, les contenant par elles-mêmes, m'a toujours rendu pareſſeux à faire, par trop d'ardeur à deſirer.

J'atteignis ainſi ma ſeizieme année, inquiet, mécontent de tout & de moi, ſans goûts de mon état, ſans plaiſirs de mon âge, dévoré de deſirs dont j'ignorois l'objet, pleurant ſans ſujet de larmes, ſoupirant ſans ſavoir de quoi; enfin

careffant tendrement mes chimeres faute
de rien voir autour de moi qui les va-
lût. Les dimanches mes camarades venoient me chercher après le prêche pour
aller m'ébattre avec eux. Je leur aurois
volontiers échappé fi j'avois pu : mais
une fois en train dans leurs jeux, j'étois
plus ardent & j'allois plus loin qu'aucun
autre ; difficile à ébranler & à retenir.
Ce fut-là de tout temps ma difpofition
conftante. Dans nos promenades hors
de la ville, j'allois toujours en avant fans
fonger au retour, à moins que d'autres
n'y fongeaffent pour moi. J'y fus pris
deux fois ; les portes furent fermées
avant que je puffe arriver. Le lendemain
je fus traité comme on s'imagine, & la
feconde fois il me fut promis un tel accueil pour la troifieme, que je réfolus
de ne m'y pas expofer. Cette troifieme
fois fi redoutée arriva pourtant. Ma vigilance fut mife en défaut par un maudit Capitaine appellé M. *Minutoli*, qui
fermoit toujours la porte où il étoit de
garde une demie heure avant les autres.
Je revenois avec deux camarades. A demi lieue de la ville j'entends fonner la
retraite; je double le pas; j'entends battre la caiffe, je cours à toutes jambes:

j'arrive essoufflé, tout en nage : le cœur
me bat ; je vois de loin les soldats à
leur poste ; j'accours, je crie d'une voix
étouffée. Il étoit trop tard. A vingt pas
de l'avancée, je vois lever le premier
pont. Je frémis en voyant en l'air ces
cornes terribles, sinistre & fatal augure
du sort inévitable que ce moment commençoit pour moi.

Dans le premier transport de ma douleur je me jettai sur le glacis & mordis
la terre. Mes camarades riant de leur
malheur, prirent à l'instant leur parti.
Je pris aussi le mien, mais ce fut d'une
autre maniere. Sur le lieu même je jurai
de ne retourner jamais chez mon maître ;
& le lendemain, quand à l'heure de la
découverte ils rentrerent en ville, je leur
dis adieu pour jamais, les priant seulement d'avertir en secret mon cousin
Bernard de la résolution que j'avois prise, & du lieu où il pourroit me voir
encore une fois.

A mon entrée en apprentissage, étant
plus séparé de lui, je le vis moins. Toutefois durant quelque tems nous nous
rassemblions les dimanches : mais insen-
siblement chacun prit d'autres habitudes, & nous nous vîmes plus rarement.

Je suis persuadé que sa mere contribua beaucoup à ce changement. Il étoit, lui, un garçon *du haut* ; moi, chétif apprentif, je n'étois plus qu'un enfant *de Saint Gervais*. Il n'y avoit plus entre nous d'égalité malgré la naissance ; c'étoit déroger que de me fréquenter. Cependant les liaisons ne cesserent point tout-à-fait entre nous, & comme c'étoit un garçon d'un bon naturel, il suivoit quelquefois son cœur malgré les leçons de sa mere. Instruit de ma résolution, il accourut, non pour m'en dissuader ou la partager, mais pour jetter par de petits présens quelque agrément dans ma fuite ; car mes propres ressources ne pouvoient me mener fort loin. Il me donna entr'autres une petite épée dont j'étois fort épris, & que j'ai portée jusqu'à Turin, où le besoin m'en fit défaire, & où je me la passai, comme on dit, au travers du corps. Plus j'ai réfléchi depuis à la maniere dont il se conduisit avec moi dans ce moment critique, plus je me suis persuadé qu'il suivit les instructions de sa mere & peut-être de son pere ; car il n'est pas possible que de lui même il n'eût fait quelque effort pour me retenir, ou qu'il n'eût été tenté de me suivre : mais point.

Il m'encouragea dans mon deſſein plutôt qu'il ne m'en détourna : puis quand il me vit bien réſolu, il me quitta ſans beaucoup de larmes. Nous ne nous ſommes jamais écrit ni revus; c'eſt dommage. Il étoit d'un caractere eſſentiellement bon : nous étions faits pour nous aimer.

Avant de m'abandonner à la fatalité de ma deſtinée, qu'on me permette de tourner un moment les yeux ſur celle qui m'attendoit naturellement, ſi j'étois tombé dans les mains d'un meilleur maître. Rien n'étoit plus convenable à mon humeur ni plus propre à me rendre heureux, que l'état tranquille & obſcur d'un bon artiſan, dans certaines claſſes ſurtout, telles qu'eſt à Geneve celle des graveurs. Cet état, aſſez lucratif pour donner une ſubſiſtance aiſée, & pas aſſez pour mener à la fortune, eût borné mon ambition pour le reſte de mes jours, & me laiſſant un loiſir honnête pour cultiver des goûts modérés, il m'eût contenu dans ma ſphere ſans m'offrir aucun moyen d'en ſortir. Ayant une imagination aſſez riche pour orner de ſes chimeres tous les états, aſſez puiſſante pour me tranſporter, pour ainſi dire, à mon gré de l'un à l'autre, il m'im-

portoit peu dans lequel je fuſſe en effet.
Il ne pouvoit y avoir ſi loin du lieu où
j'étois au premier château en Eſpagne,
qu'il ne me fut aiſé de m'y établir. De cela
ſeul il ſuivoit que l'état le plus ſimple,
celui qui donnoit le moins de tracas &
de ſoins, celui qui laiſſoit l'eſprit le plus
libre, étoit celui qui me convenoit le
mieux, & c'étoit préciſément le mien.
J'aurois paſſé dans le ſein de ma religion,
de ma patrie, de ma famille & de mes amis,
une vie paiſible & douce, telle qu'il la falloit à mon caractere, dans l'uniformité
d'un travail de mon gout, & d'une ſociété
ſelon mon cœur. J'aurois été bon chrétien, bon citoyen, bon pere de famille,
bon ami, bon ouvrier, bon homme en
toute choſe. J'aurois aimé mon état, je
l'aurois honoré peut-être ; & après avoir
paſſé une vie obſcure & ſimple, mais
égale & douce, je ſerois mort paiſiblement dans le ſein des miens. Bientôt
oublié, ſans doute, j'aurois été regretté
du moins auſſi long-tems qu'on ſe ſeroit
ſouvenu de moi.

Au lieu de cela... quel tableau vais-je
faire ? Ah ! n'anticipons point ſur les mi-
ſeres de ma vie, je n'occuperai que trop
mes lecteurs de ce triſte ſujet.

Fin du premier Livre.

LES CONFESSIONS

D E

J. J. ROUSSEAU.

LIVRE SECOND.

Autant le moment où l'effroi me
fuggéra le projet de fuir m'avoit paru
trifte, autant celui où je l'exécutai me
parut charmant. Encore enfant, quitter
mon pays, mes parens, mes appuis,
mes refources, laifer un apprentiflage
à moitié fait, fans favoir mon métier
affez pour en vivre ; me livrer aux
horreurs de la mifere fans voir aucun
moyen d'en fortir; dans l'âge de la foibleffe & de l'innocence m'expofer à
toutes les tentations du vice & du défefpoir; chercher au loin les maux, les
erreurs, les pieges, l'efclavage & la
mort, fous un joug bien plus inflexible
que celui que je n'avois pu fouffrir;

c'étoit-là ce que j'allois faire, c'étoit la perspective que j'aurois dû envisager. Que celle que je me peignois étoit différente ! L'indépendance que je croyois avoir acquise, étoit le seul sentiment qui m'affectoit. Libre & maître de moi-même, je croyois pouvoir tout faire, atteindre à tout : je n'avois qu'à m'élancer pour m'élever & voler dans les airs. J'entrois avec sécurité dans le vaste espace du monde ; mon mérite alloit le remplir : à chaque pas j'allois trouver des festins, des tréfors, des aventures, des amis prêts à me servir, des maîtresses empressées à me plaire : en me montrant, j'allois occuper de moi l'univers : non pas pourtant l'univers tout entier ; je l'en dispensois en quelque forte, il ne m'en falloit pas tant. Une société charmante me suffisoit sans m'embarrasser du reste. Ma modération m'inscrivoit dans une sphere étroite, mais délicieusement choisie, où j'étois assuré de régner. Un seul château bornoit mon ambition. Favori du seigneur & de la dame, amant de la demoiselle, ami du frere, & protecteur des voisins, j'étois content ; il ne m'en falloit pas davantage.

En attendant ce modefte avenir, j'errai quelques jours autour de la ville, logeant chez des payfans de ma connoiffance, qui tous me reçurent avec plus de bonté que n'auroient fait des urbains. Ils m'accueilloient, me logeoient, me nourriffoient trop bonnement pour en avoir le mérite. Cela ne pouvoit pas s'appeller faire l'aumône ; ils n'y mettoient pas affez l'air de la fupériorité.

A force de voyager & de parcourir le monde, j'allai jufqu'à Confignon, terres de Savoie, à deux lieues de Geneve. Le curé s'appelloit M. de *Pontverre*. Ce nom fameux dans l'hiftoire de la République me frappa beaucoup. J'étois curieux de voir comment étoient faits les defcendans des gentilshommes de la cuiller. J'allai voir M. de *Pontverre*. Il me reçut bien, me parla de l'héréfie de Geneve, de l'autorité de la fainte mere Eglife, & me donna à dîner. Je trouvai peu de chofes à répondre à des argumens qui finiffoient ainfi, & je jugeai que des curés chez qui l'on dînoit fi bien valoient tout au moins nos miniftres. J'étois certainement plus favant que M. de *Pontverre*, tout gentilhomme qu'il étoit; mais j'étois trop bon convive pour être si bon théologien; & son vin de Frangi, qui me parut excellent, argumentoit si victorieusement pour lui, que j'aurois rougi de fermer la bouche à un si bon hôte. Je cédois donc, ou du moins je ne résistois pas en face. A voir les ménagemens dont j'usois on m'auroit cru faux; on se fût trompé. Je n'étois qu'honnête, cela est certain. La flatterie, ou plutôt la condescendance n'est pas toujours un vice, elle est plus souvent une vertu, sur-tout dans les jeunes gens. La bonté avec laquelle un homme nous traite, nous attache à lui; ce n'est pas pour l'abuser qu'on lui cede, c'est pour ne pas l'attrister, pour ne pas lui rendre le mal pour le bien. Quel intérêt avoit M. de *Pontverre* à m'accueillir, à me bien traiter, à vouloir me convaincre? Nul autre que le mien propre. Mon jeune cœur se disoit cela. J'étois touché de reconnoissance & de respect pour le bon prêtre. Je sentois ma supériorité; je ne voulois pas l'en accabler pour prix de son hospitalité. Il n'y avoit point de motif hypocrite à cette conduite : je ne songeois point à changer de religion ; & bien loin de me familiarifer fi vîte avec cette idée, je ne l'envifageois qu'avec une horreur qui devoit l'écarter de moi pour long-tems ; je voulois feulement ne point fâcher ceux qui me careffoient dans cette vue ; je voulois cultiver leur bienveillance & leur laiffer l'efpoir du fuccès, en paroiffant moins armé que je ne l'étois en effet. Ma faute en cela reffembloit à la coquetterie des honnêtes femmes, qui quelquefois pour parvenir à leurs fins, favent, fans rien permettre ni rien promettre, faire efpérer plus qu'elles ne veulent tenir.

La raifon, la pitié, l'amour de l'ordre exigeoient affurément que loin de fe prêter à ma folie, on m'éloignât de ma perte où je courois, en me renvoyant dans ma famille. C'eft là ce qu'auroit fait ou tâché de faire tout homme vraiment vertueux. Mais quoique M. de *Pontverre* fût un bon homme, ce n'étoit affurément pas un homme vertueux. Au contraire, c'étoit un dévot qui ne connoiffoit d'autre vertu que d'adorer les images & de dire le rofaire ; une efpece de miffionnaire qui n'imaginoit rien de mieux pour le bien de la foi,

que de faire des libelles contre les miniſtres de Geneve. Loin de penſer à me
renvoyer chez moi il profita du deſir
que j'avois de m'en éloigner, pour me
mettre hors d'état d'y retourner, quand
même il m'en prendroit envie. Il y avoit
tout à parier qu'il m'envoyoit périr de
miſere ou devenir un vaurien. Ce n'étoit point-là ce qu'il voyoit. Il voyoit
une ame ôtée à l'héréſie & rendue à
l'Egliſe. Honnête homme ou vaurien,
qu'importoit cela pourvu que j'allaſſe à
la meſſe ? Il ne faut pas croire, au reſte,
que cette façon de penſer ſoit particuliere aux catholiques; elle eſt celle
de toute religion dogmatique où l'on
fait l'eſſentiel, non de faire, mais de
croire.

Dieu vous appelle, me dit M. de
Pontverre. Allez à Annecy ; vous y
trouverez une bonne dame bien charitable, que les bienfaits du Roi mettent
en état de retirer d'autres ames de l'erreur dont elle eſt ſortie elle-même. Il
s'agiſſoit de madame de *Warens*, nouvelle convertie, que les prêtres forçoient
en effet de partager avec la canaille qui
venoit vendre ſa foi, une penſion de
deux mille francs que lui donnoit le roi

de Sardaigne. Je me fentois fort humilié d'avoir befoin d'une bonne dame
bien charitable. J'aimois fort qu'on me
donnât mon néceffaire, mais non pas
qu'on me fît la charité, & une dévote
n'étoit pas pour moi fort attirante. Toutefois preffé par M. de *Pontverre*, par la
faim qui me talonnoit ; bien aife auffi de
faire un voyage & d'avoir un but, je
prends mon parti, quoiqu'avec peine,
& je pars pour Annecy. J'y pouvois être
aifément en un jour ; mais je ne me pref-
fois pas, j'en mis trois. Je ne voyois
pas un château à droite ou à gauche,
fans aller chercher l'avanture que j'étois
fûr qui m'y attendoit. Je n'ofois entrer
dans le château, ni heurter ; car j'étois
fort timide. Mais je chantois fous la
fenêtre qui avoit le plus d'apparence,
fort furpris, après m'être long-tems
époumonné, de ne voir paroître ni dames
ni demoifelles qu'attirât la beauté de
ma voix, ou le fel de mes chanfons ;
vu que j'en favois d'admirables que mes
camarades m'avoient a, prifes, & que je
chantois admirablement.

J'arrive enfin ; je vois madame
de *Warens*. Cette époque de ma vie
a décidé de mon caractere ; je ne

puis me réfoudre à la paffer légérement. J'étois au milieu de ma fei-
zieme année. Sans être ce qu'on appelle un beau garçon, j'étois bien pris
dans ma petite taille ; j'avois un joli
pied, la jambe fine, l'air dégagé, la
phyfionomie animée, la bouche mi-
gnone, les fourcils & les cheveux noirs,
les yeux petits & même enfoncés, mais
qui lançoient avec force le feu dont mon
fang étoit embrâfé. Malheureufement je
ne favois rien de tout cela, & de ma
vie il ne m'eft arrivé de fonger à ma
figure, que lorfqu'il n'étoit plus tems
d'en tirer parti. Ainfi j'avois avec la
timidité de mon âge celle d'un naturel
très aimant, toujours troublé par la
crainte de déplaire. D'ailleurs, quoique
j'euffe l'efprit affez orné, n'ayant jamais
vu le monde je manquois totalement de
manieres ; & mes connoiffances loin d'y
fuppléer, ne fervoient qu'à m'intimider
davantage, en me faifant fentir combien
j'en manquois.

Craignant donc que mon abord ne
prévînt pas en ma faveur, je pris autrement mes avantages, & je fis une belle
lettre en ftyle d'orateur, où, coufant
des phrafes des livres avec des locu-

tions d'apprentif, je déployois toute mon éloquence pour capter la bienveillance de madame de *Warens*. J'enfermai la lettre de M. de *Pontverre* dans la mienne, & je partis pour cette terrible audience. Je ne trouvai point madame de *Warens* ; on me dit qu'elle venoit de fortir pour aller à l'Eglife. C'étoit le jour des Rameaux de l'année 1728. Je cours pour la fuivre : je la vois, je l'atteins, je lui parle...... je dois me fouvenir du lieu ; je l'ai fouvent depuis mouillé de mes larmes & couvert de mes baifers. Que ne puisje entourer d'un baluftre d'or cette heureufe place ! que n'y puis-je attirer les hommages de toute la terre ! Quiconque aime à honorer les monumens du falut des hommes n'en devroit approcher qu'à genoux.

C'étoit un paffage derriere fa maifon, entre un ruiffeau à main droite qui la féparoit du jardin, & le mur de la cour à gauche, conduifant par une fauffe porte à l'églife des Cordeliers. Prête à entrer dans cette porte, madame de *Warens* fe retourne à ma voix. Que devins-je à cette vue ! Je m'étois figuré une vieille dévote bien réchignée : la bonne dame de M. de *Pontverre* ne pouvoit être autre chose à mon avis. Je vois un visage pétri de graces, de beaux yeux bleus pleins de douceur, un teint éblouissant, le contour d'une gorge enchanteresse. Rien n'échappa au rapide coup d'œil du jeune prosélyte ; car je devins à l'instant le sien ; sûr qu'une religion préchée par de tels missionnaires ne pouvoit manquer de mener en paradis. Elle prend en souriant la lettre que je lui présente d'une main tremblante, l'ouvre, jette un coup-d'œil sur celle de M. de *Pontverre*, revient à la mienne qu'elle lit toute entiere, & qu'elle eût relue encore, si son laquais ne l'eût avertie qu'il étoit tems d'entrer. Eh ! mon enfant, me dit-elle d'un ton qui me fit tressaillir, vous voilà courant le pays bien jeune ; c'est dommage, en vérité. Puis sans attendre ma réponse, elle ajouta : allez chez moi m'attendre ; dites qu'on vous donne à déjeûner : après la messe j'irai causer avec vous.

Louise-Eléonore de *Warens* étoit une demoiselle de la Tour de Pil, noble & ancienne famille de Vevay, ville du pays de Vaud. Elle avoit épousé fort jeune M. de *Warens* de la maison de *Loys*, fils aîné de M. de *Villardin* de Laufanne. Ce mariage, qui ne produifit point d'enfans, n'ayant pas trop réuffi ; madame de *Warens*, pouflée par quelque chagrin domeftique, prit le tems que le roi Victor-Amedée étoit à Evian pour paffer le lac & venir fe jetter aux pieds de ce Prince ; abandonnant ainfi fon mari, fa famille & fon pays, par une étourderie affez femblable à la mienne, & qu'elle a eu tout le tems de pleurer auffi. Le Roi, qui aimoit à faire le zélé catholique, la prit fous fa protection, lui donna une penfion de quinze cents livres de Piémont, ce qui étoit beaucoup pour un Prince auffi peu prodigue, & voyant que fur cet accueil on l'en croyoit amoureux, il l'envoya à Annecy, efcortée par un détachement de fes Gardes, où, fous la direction de *Michel Gabriel de Bernex*, Evêque titulaire de Geneve, elle fit abjuration au Couvent de la Vifitation.

Il y avoit fix ans qu'elle y étoit quand j'y vins, & elle en avoit alors vingt-huit, étant née avec le fiecle. Elle avoit de ces beautés qui fe confervent, parce qu'elles font plus dans la phyſionomie que dans les traits; auſſi la ſienne étoit-elle encore dans tout ſon premier éclat. Elle avoit un air careſſant & tendre, un regard très-doux, un ſourire angé-lique, une bouche à la meſure de la mienne, des cheveux cendrés d'une beauté peu commune, & auxquels elle donnoit un tour négligé qui la rendoit très-piquante. Elle étoit petite de ſtature, courte même, & ramaſſée un peu dans ſa taille, quoique ſans difformité. Mais il étoit impoſſible de voir une plus belle tête, un plus beau ſein, de plus belles mains, & de plus beaux bras.

Son éducation avoit été fort mêlée. Elle avoit ainſi que moi perdu ſa mere dès ſa naiſſance, & recevant indifférem-ment des inſtructions comme elles s'é-toient préſentées, elle avoit appris un peu de ſa gouvernante, un peu de ſon pere, un peu de ſes maîtres, & beau-coup de ſes amans; ſur-tout d'un M. de *Tavel*, qui, ayant du goût & des con-noiſſances, en orna la perſonne qu'il ai-moit. Mais tant de genres différens ſe nuiſirent les uns aux autres, & le peu d'ordre qu'elle y mit, empêcha que ſes diverſes études n'étendiſſent la juſteſſe naturelle de fon efprit. Ainfi, quoiqu'elle eût quelques principes de philofophie & de phyfique, elle ne laiffa pas de prendre le goût que fon pere avoit pour la médecine empyrique, & pour l'alchymie ; elle faifoit des élixirs, des teintures, des baumes, des magifteres, elle prétendoit avoir des fecrets. Les charlatans profitant de fa foibleffe s'emparerent d'elle, l'obféderent, la ruinerent, & confumerent au milieu des fournaux & des drogues fon efprit, fes talens & fes charmes, dont elle eût pu faire les délices des meilleures fociétés.

Mais fi de vils fripons abuferent de fon éducation mal dirigée pour obfcurcir les lumieres de fa raifon, fon excellent cœur fut à l'épreuve & demeura toujours le même : fon caractere aimant & doux, fa fenfibilité pour les malheureux, fon inépuifable bonté, fon humeur gaie, ouverte & franche, ne s'altérerent jamais ; & même aux approches de la vieilleffe, dans le fein de l'indigence, des maux, des calamités diverfes, la férénité de fa belle ame lui conferva jufqu'à la fin de fa vie toute la gaîté de fes plus beaux jours.

Ses erreurs lui vinrent d'un fond d'activité inépuisable, qui vouloit sans cesse de l'occupation. Ce n'étoient pas des intrigues de femmes qu'il lui falloit, c'étoit des entreprises à faire & à diriger. Elle étoit née pour les grandes affaires. A sa place Madame de *Longueville* n'eût été qu'une tracassiere; à la place de Madame de *Longueville* elle eût gouverné l'Etat. Ses talens ont été déplacés, & ce qui eût fait sa gloire dans une situation plus élevée, a fait sa perte dans celle où elle a vécu. Dans les choses qui étoient à sa portée elle étendoit toujours son plan dans sa tête, & voyoit toujours son objet en grand. Cela faisoit qu'employant des moyens proportionnés à ses vues plus qu'à ses forces, elle échouoit par la faute des autres, & son projet venant à manquer, elle étoit ruinée ou d'autres n'auroient presque rien perdu. Ce goût des affaires qui lui fit tant de maux, lui fit du moins un grand bien dans son asyle monastique, en l'empêchant de s'y fixer pour le reste de ses jours, comme elle en étoit tentée. La vie uniforme & simple des Religieuses, leur petit cailletage de parloir, tout cela ne pouvoit flatter un esprit toujours en mouvement, qui, formant chaque jour de nouveaux

systêmes ;

fyftêmes, avoit befoin de liberté pour s'y livrer. Le bon Evêque de *Bernex*, avec moins d'efprit que *François de Sales*, lui reffembloit fur bien des points, & Madame de *Warens* qu'il appelloit fa fille, & qui reffembloit à Madame de *Chantal* fur beaucoup d'autres, eût pu lui reffembler encore dans fa retraite, fi fon goût ne l'eût détournée de l'oifiveté d'un couvent. Ce ne fut point manque de zele, fi cette aimable femme ne fe livra pas aux menues pratiques de dévotion qui fembloient convenir à une nouvelle convertie, vivant fous la direction d'un Prélat. Quel qu'eût été le motif de fon changement de religion, elle fut fincere dans celle qu'elle avoit embraffée. Elle a pu fe repentir d'avoir commis la faute, mais non pas defirer d'en revenir. Elle n'eft pas feulement morte bonne catholique, elle a vécu telle de bonne foi, & j'ofe affirmer, moi qui penfe avoir lu dans le fond de fon ame, que c'étoit uniquement par averfion pour les fimagrées, qu'elle ne faifoit point en public la dévote. Elle avoit une piété trop folide pour affecter de la dévotion. Mais ce n'eft pas ici le lieu de

Ire Partie. E

m'étendre sur ses principes ; j'aurai d'autres occasions d'en parler.

Que ceux qui nient la sympathie des ames expliquent, s'ils peuvent, comment de la premiere entrevue, du premier mot, du premier regard, Madame de *Warens* m'inspira, non-seulement le plus vif attachement, mais une confiance parfaite, & qui ne s'est jamais démentie. Supposons que ce que j'ai senti pour elle fut véritablement de l'amour ; ce qui paroîtra tout au moins douteux à qui suivra l'histoire de nos liaisons ; comment cette passion fut-elle accompagnée, dès sa naissance, des sentimens qu'elle inspire le moins ; la paix du cœur, le calme, la sérénité, la sécurité, l'assurance ? Comment en approchant pour la premiere fois d'une femme aimable, polie, éblouissante ; d'une Dame d'un état supérieur au mien, dont je n'avois jamais abordé la pareille, de celle dont dépendoit mon sort en quelque sorte, par l'intérêt plus ou moins grand qu'elle y prendroit ; comment, dis-je, avec tout cela me trouvai-je à l'instant aussi libre, aussi à mon aise, que si j'eusse été parfaitement sûr de lui plaire ? Comment n'eus-je pas un moment d'embarras, de timidité, de gêne ? Naturellement honteux, décontenancé, n'ayant jamais vu le monde, comment pris-je avec elle du premier jour, du premier inftant, les manieres faciles, le langage tendre, le ton familier que j'avois dix ans après, lorfque la plus grande intimité l'eut rendu naturel ? A-t-on de l'amour, je ne dis pas fans defirs, j'en avois; mais fans inquiétude, fans jaloufie? Ne veut-on pas au moins apprendre de l'objet qu'on aime fi l'on eft aimé? C'eft une queftion qui ne m'eft pas plus venue dans l'ef-prit de lui faire une fois en ma vie, que de me demander à moi-même fi je m'aimois, & jamais elle n'a été plus cu-rieufe avec moi. Il y eut certainement quelque chofe de fingulier dans mes fen-timens pour cette charmante femme, & l'on y trouvera dans la fuite des bizar-reries auxquelles on ne s'attend pas.

Il fut queftion de ce que je devien-drois, & pour en caufer plus à loifir, elle me retint à dîner. Ce fut le premier repas de ma vie où j'euffe manqué d'ap-pétit, & fa femme de-chambre qui nous fervoit, dit auffi que j'étois le premier voyageur de mon âge & de mon étoffe qu'elle en eût vu manquer. Cette remar-

que, qui ne me nuisit pas dans l'esprit
de sa maîtresse, tomboit un peu à plomb
sur un gros manan qui dînoit avec nous,
& qui dévora lui tout seul un repas
honnête pour six personnes. Pour moi
j'étois dans un ravissement qui ne me
permettoit pas de manger. Mon cœur
se nourrissoit d'un sentiment tout nouveau dont il occupoit tout mon être :
il ne me laissoit des esprits pour nulle
autre fonction.

Madame de *Warens* voulut savoir les
détails de ma petite histoire ; je retrou-
vai pour la lui conter, tout le feu que
j'avois perdu chez mon maître. Plus j'in-
téressois cette excellente ame en ma faveur, plus elle plaignoit le sort auquel
j'allois m'exposer. Sa tendre compassion
se marquoit dans son air, dans son regard, dans ses gestes. Elle n'osoit m'ex-
horter à retourner à Geneve. Dans sa
position, ç'eut été un crime de lèze-
catholicité, & elle n'ignoroit pas combien elle étoit surveillée, & combien ses
discours étoient pesés. Mais elle me parloit d'un ton si touchant de l'affliction
de mon pere, qu'on voyoit bien qu'elle
eût approuvé que j'allasse le consoler.
Elle ne savoit pas combien sans y songer

elle plaidoit contre elle - même. Outre
que ma réfolution étoit prife comme je
crois l'avoir dit ; plus je la trouvois élo-
quente perfuafive, plus fes difcours m'alloient au cœur, & moins je pouvois me
réfoudre à me détacher d'elle. Je fentois
que retourner à Geneve étoit mettre entr'elle & moi une barriere prefque infur-
montable, à moins de revenir à la démarche que j'avois faite, & à laquelle
mieux valoit me tenir tout d'un coup.
Je m'y tins donc. Madame de *Warens*
voyant fes efforts inutiles ne les pouffa
pas jufqu'à fe compromettre, mais elle
me dit avec un regard de commifération.
Pauvre petit, tu dois aller où Dieu t'appelle ; mais quand tu feras grand tu te
fouviendras de moi. Je crois qu'elle ne
penfoit pas elle-même que cette prédiction s'accompliroit fi cruellement.

La difficulté reftoit toute entiere.
Comment fubfifter fi jeune hors de mon
pays ? A peine à la moitié de mon apprentiffage, j'étois bien loin de favoir
mon métier. Quand je l'aurois fu, je
n'en aurois pu vivre en Savoie, pays
trop pauvre pour avoir des arts. Le manan qui dînoit pour nous, forcé de faire
une paufe pour repofer fa mâchoire, ou-

vrit un avis qu'il difoit venir du ciel, & qui, à juger par les fuites, venoit plutôt du côté contraire. C'étoit que j'allaffe à Turin, où, dans un Hofpice établi pour l'inftruction des cathécumenes, j'aurois, dit-il, la vie temporelle & fpirituelle, jufqu'à ce qu'entré dans le fein de l'Eglife, je trouvaffe par la charité des bonnes ames une place qui me convînt. A l'égard des frais du voyage, continua mon homme, fa Grandeur Monfeigneur l'Evêque ne manquera pas, fi Madame lui propofe cette fainte œuvre, de vouloir charitablement y pourvoir, & Madame la Baronne qui eft fi charitable, dit-il en s'inclinant fur fon affiette, s'empreffera fûrement d'y contribuer auffi.

Je trouvois toutes ces charités bien dures ; j'avois le cœur ferré, je ne difois rien, & Madame de *Warens*, fans faifir ce projet avec autant d'ardeur qu'il étoit offert, fe contenta de répondre que chacun devoit contribuer au bien felon fon pouvoir, & qu'elle en parleroit à Monfeigneur : mais mon diable d'homme, qui craignit qu'elle n'en parlât pas à fon gré, & qui avoit fon petit intérêt dans cette affaire, courut prévenir les aumôniers, & emboucha fi bien les bons prêtres, que quand Madame de *Warens*, qui craignoit pour moi ce voyage, en voulut parler à l'Evêque, elle trouva que c'étoit une affaire arrangée, & il lui remit à l'inftant l'argent deftiné pour mon petit viatique. Elle n'ofa infifter pour me faire refter : j'approchois d'un âge où une femme du fien ne pouvoit décemment vouloir retenir un jeune homme auprès d'elle.

Mon voyage étant ainfi réglé par ceux qui prenoient foin de moi, il fallut bien me foumettre, & c'eft même ce que je fis fans beaucoup de répugnance. Quoique Turin fût plus loin que Geneve, je jugeai qu'étant la capitale, elle avoit avec Annecy des relations plus étroites qu'une ville étrangere d'état & de religion, & puis, partant pour obéir à Madame de *Warens*, je me regardois comme vivant toujours fous fa direction; c'étoit plus que vivre à fon voifinage. Enfin l'idée d'un grand voyage flattoit ma manie ambulante, qui déja commençoit à fe déclarer. Il me paroiffoit beau de paffer les monts à mon âge, & de m'élever au deffus de mes camarades de toute la hauteur des alpes. Voir du pays eft un appât auquel un Genevois ne réfifte

guères: je donnai donc mon confente-
ment. Mon manan devoit partir dans deux
jours avec fa femme. Je leur fus confié
& recommandé. Ma bourfe leur fut re-
mife renforcée par Madame de *Warens*,
qui de plus me donna fecrétement un
petit pécule auquel elle joignit d'amples
inftructions, & nous partîmes le Mercre-
di Saint.

Le lendemain de mon départ d'Annecy, mon pere y arriva courant à ma
pifte avec un M. *Rival* fon ami, horloger comme lui, homme d'efprit, bel-
efprit même, qui faifoit des vers mieux
que la *Motte*, & parloit prefque auffi
bien que lui; de plus, parfaitement hon-
nète homme, mais dont la littérature
déplacée n'aboutit qu'à faire un de fes
fils comédien.

Ces Meffieurs virent Madame de *Warens*, & fe contenterent de pleurer mon
fort avec elle, au lieu de me fuivre &
de m'atteindre, comme ils l'auroient pu
facilement, étant à cheval & moi à pied.
La même chofe étoit arrivée à mon oncle *Bernard*. Il étoit venu à Confignon,
& de-là fachant que j'étois à Annecy,
il s'en retourna à Geneve. Il fembloit
que mes proches confpiraffent avec mon

étoile, pour me livrer au deſtin qui m'attendoit. Mon frere s'étoit perdu par une ſemblable négligence , & ſi bien perdu, qu'on n'a jamais ſu ce qu'il étoit devenu.

Mon pere n'étoit pas ſeulement un homme d'honneur ; c'étoit un homme d'une probité ſûre & il avoit une de ces ames fortes qui font les grandes vertus. De plus , il étoit bon pere, ſur-tout pour moi. Il m'aimoit très-tendrement, mais il aimoit auſſi ſes plaiſirs , & d'autres goûts avoient un peu attiédi l'affection paternelle depuis que je vivois loin de lui. Il s'étoit remarié à Nion , & quoique ſa femme ne fût plus en âge de me donner des freres, elle avoit des parens : cela faiſoit une autre famille , d'autres objets , un nouveau ménage , qui ne rappelloit plus ſi ſouvent mon ſouvenir. Mon pere vieilliſſoit & n'avoit aucun bien pour ſoutenir ſa vieilleſſe. Nous avions mon frere & moi quelque bien de ma mere dont le revenu devoit appartenir à mon pere durant notre éloignement. Cette idée ne s'offroit pas à lui directement & ne l'empêchoit pas de faire ſon devoir, mais elle agiſſoit ſourdement ſans qu'il s'en apperçût lui-même, & ralentiſſoit quelquefois ſon zèle qu'il eût pouſſé plus loin ſans cela. Voilà, je crois, pourquoi, venu d'abord à Annecy ſur mes traces, il ne me ſuivit pas juſqu'à Chamberi où il étoit moralement ſûr de m'atteindre. Voilà pourquoi encore l'étant allé voir ſouvent depuis ma fuite, je reçus toujours de lui des careſſes de pere, mais ſans grands efforts pour me retenir.

Cette conduite d'un pere dont j'ai ſi bien connu la tendreſſe & la vertu, m'a fait faire des réflexions ſur moi-méme, qui n'ont pas peu contribué à me maintenir le cœur ſain. J'en ai tiré cette grande maxime de morale, la ſeule peut-étre d'uſage dans la pratique, d'éviter les ſituations qui mettent nos devoirs en oppoſition avec nos intéréts, & qui nous montrent notre bien dans le mal d'autrui : ſûr que dans de telles ſituations, quelque ſincere amour de la vertu qu'on y porte, on foiblit tôt ou tard ſans s'en appercevoir, & l'on devient injuſte & méchant dans le fait, ſans avoir ceſſé d'être juſte & bon dans l'ame.

Cette maxime fortement imprimée au fond de mon cœur & miſe en pratique, quoiqu'un peu tard, dans toute ma conduite, est une de celles qui m'ont donné l'air le plus bizarre & le plus fou dans le public, & sur-tout parmi mes connoissances. On m'a imputé de vouloir être original & faire autrement que les autres. En vérité je ne songeois gueres à faire ni comme les autres ni autrement qu'eux. Je desirois sincerement de faire ce qui étoit bien. Je me dérobois de toute ma force à des situations qui me donnassent un intérêt contraire à l'intérêt d'un autre homme, & par conséquent un desir secret quoiqu'involontaire du mal de cet homme-là.

Il y a deux ans que Milord *Maréchal* me voulut mettre dans son testament. Je m'y opposai de toute ma force. Je lui marquai que je ne voudrois pour rien au monde me savoir dans le testament de qui que ce fût, & beaucoup moins dans le sien. Il se rendit; maintenant il veut me faire une pension viagere, & je ne m'y oppose pas. On dira que je trouve mon compte à ce changement : cela peut être. Mais ô mon bienfaiteur & mon pere, si j'ai le malheur de vous survivre je sais qu'en vous perdant j'ai tout à perdre, & que je n'ai rien à gagner.

E vj

C'eſt-là , ſelon moi, la bonne phi-
loſophie , la ſeule vraiment aſſortie au
cœur humain. Je me pénetre chaque
jour davantage de ſa profonde ſolidité,
& je l'ai retournée de différentes manieres dans tous mes derniers écrits ; mais
le public qui eſt frivole ne l'y a pas ſu
remarquer. Si je ſurvis aſſez à cette entrepriſe conſommée pour en reprendre
une autre , je me propoſe de donner
dans la ſuite de l'Emile un exemple ſi
charmant & ſi frappant de cette même
maxime que mon lecteur ſoit forcé d'y
faire attention. Mais c'eſt aſſez de .ré-
flexions pour un voyageur ; il eſt tems
de reprendre ma route.

Je la fis plus agréablement que je
n'aurois dû m'y attendre , & mon manan ne fut pas ſi bourru qu'il en avoit
l'air. C'étoit un homme entre deux âges,
portant en queue ſes cheveux noirs gri-
ſonnans ; l'air grenadier , la voix forte , aſſez gai, marchant bien , mangeant
mieux , & qui faiſoit toute ſorte de mé-
tiers faute d'en ſavoir aucun. Il avoit
propoſé, je crois , d'établir à Annecy,
je ne ſais quelle manufacture. Madame
de *Warens* n'avoit pas manqué de donner dans le projet, & ç'étoit pour tâ-

cher de le faire agréer au Miniſtre, qu'il faiſoit, bien défrayé, le voyage de Turin. Notre homme avoit le talent d'intriguer en ſe fourrant toujours avec les prêtres, &, faiſant l'empreſſé pour les ſervir, il avoit pris à leur école un certain jargon dévot dont il uſoit ſans ceſſe, ſe piquant d'être un grand prédicateur. Il ſavoit même un paſſage latin de la bible, & s'étoit comme s'il en avoit ſu mille, parce qu'il le répétoit mille fois le jour. Du reſte, manquant rarement d'argent quand il en ſavoit dans la bourſe des autres. Plus adroit pourtant que fripon, & qui débitant d'un ton de racoleur ſes capucinades, reſſembloit à l'hermite *Pierre*, prêchant la croiſade le ſabre au côté.

Pour Madame *Sabran* ſon épouſe, c'étoit une aſſez bonne femme, plus tranquille le jour que la nuit. Comme je couchois toujours dans leur chambre, ſes bruyantes inſomnies m'éveilloient ſouvent, & m'auroient éveillé bien davantage ſi j'en avois compris le ſujet. Mais je ne m'en doutois pas même, & j'étois ſur ce chapitre d'une bêtiſe qui a laiſſé à la ſeule nature tout le ſoin de mon inſtruction.

Je m'acheminois gaîment avec mon dévot guide & fa femillante compagne. Nul accident ne troubla mon voyage ; j'étois dans la plus heureufe fituation de corps & d'efprit où j'aye été de mes jours. Jeune, vigoureux, plein de fanté, de fécurité, de confiance en moi & aux autres, j'étois dans ce court mais précieux moment de la vie où fa plénitude expanfive étend pour ainfi-dire notre être par toutes nos fenfations, & embellit à nos yeux la nature entiere du charme de notre exiftence. Ma douce inquiétude avoit un objet qui la rendoit moins errante & fixoit mon imagination. Je me regardois comme l'ouvrage, l'éleve, l'ami, prefque l'amant de Madame de *Warens*. Les chofes obligeantes qu'elles m'avoit dites, les petites careffes qu'elles m'avoit faites, l'intérêt fi tendre qu'elle avoit paru prendre à moi, fes regards charmans qui me fembloient pleins d'amour parce qu'ils m'en infpiroient : tout cela nourriffoit mes idées durant la marche, & me faifoit rêver délicieufement. Nulle crainte, nul doute fur mon fort ne troubloit ces rêveries. M'envoyer à Turin c'étoit, felon moi, s'engager à m'y faire vivre,

à m'y placer convenablement. Je n'a-
vois plus de souci sur moi-même ; d'autres s'étoient chargés de ce soin. Ainsi
je marchois légérement allégé de ce
poids ; les jeunes desirs , l'espoir en-
chanteur, les brillants projets remplis-
soient mon ame. Tous les objets que je
voyois me sembloient les garans de ma
prochaine félicité. Dans les maisons j'i-
maginois des festins rustiques , dans les
prés de folâtres jeux , le long des eaux,
les bains, des promenades , la pêche,
sur les arbres des fruits délicieux , sous
leur ombre de voluptueux tête-à-têtes ,
sur les montagnes des cuves de lait &
de crême, une oisiveté charmante , la
paix, la simplicité, le plaisir d'aller sans
savoir où. Enfin rien ne frappoit mes
yeux sans porter à mon cœur quelque
attrait de jouissance. La grandeur , la
variété , la beauté réelle du spectacle
rendoit cet attrait digne de la raison ; la
vanité même y mêloit sa pointe. Si jeune , aller en Italie , avoir déjà vu tant
de pays , suivre *Annibal* à travers les
monts me paroissoit une gloire au dessus
de mon âge. Joignez à tout cela des sta-
tions fréquentes & bonnes, un grand
appétit & de quoi le contenter : car en

vérité ce n'étoit pas la peine de m'en faire faute, & sur le dîné de M. *Sabran* le mien ne paroissoit pas.

Je ne me souviens pas d'avoir eu dans tout le cours de ma vie d'intervalle plus parfaitement exempt de soucis & de peine, que celui des sept ou huit jours que nous mîmes à ce voyage ; car le pas de Madame *Sabran* sur lequel il falloit régler le nôtre n'en fit qu'une longue promenade. Ce souvenir m'a laissé le goût le plus vif pour tout ce qui s'y rapporte, sur-tout pour les montagnes & les voyages pédestres. Je n'ai voyagé à pied que dans mes beaux jours, & toujours avec délices. Bientôt les devoirs, les affaires, un bagage à porter m'ont forcé de faire le Monsieur, & de prendre des voitures, les soucis rongeans, les embarras, la géne y sont montés avec moi, & dès-lors, au lieu qu'auparavant dans mes voyages je ne sentois que le plaisir d'aller, je n'ai plus senti que le besoin d'arriver. J'ai cherché long-temps à Paris deux camarades du même goût que moi, qui voulussent consacrer chacun cinquante louis de sa bourse & un an de son tems à faire ensemble à pied le tour de l'Italie, sans autre équipage qu'un garçon qui portât avec nous un fac de nuit. Beaucoup de gens fe font préfentés enchantés de ce projet en apparence : mais au fond le prenant tous pour un pur château en Efpagne dont on caufe en converfation fans vouloir l'exécuter en effet. Je me fouviens que parlant avec paffion de ce projet avec *Diderot* & *Grimm*, je leur en donnai enfin la fantaifie. Je crus une fois l'affaire faite ; mais le tout fe réduifit à vouloir faire un voyage par écrit, dans lequel *Grimm* ne trouvoit rien de fi plaifant que de faire faire à *Diderot* beaucoup d'impiétés, & de me faire fourrer à l'inquifition à fa place.

Mon regret d'arriver fi vîte à Turin fut tempéré par le plaifir de voir une grande ville, & par l'efpoir d'y faire bientôt une figure digne de moi ; car déjà les fumées de l'ambition me montoient à la tête ; déjà je me regardois comme infiniment au-deffus de mon ancien état d'apprentif ; j'étois bien loin de prévoir que dans peu j'allois être fort au deffous.

Avant que d'aller plus loin je dois au lecteur mon excufe ou ma juftification tant fur les menus détails où je viens d'entrer que fur ceux où j'entrerai dans la fuite, & qui n'ont rien d'intéreffant à fes yeux. Dans l'entreprife que j'ai faite de me montrer tout entier au public, il faut que rien de moi ne lui refte obfcur ou caché; il faut que je me tienne inceffamment fous fes yeux, qu'il me fuive dans tous les égaremens de mon cœur, dans tous les recoins de ma vie; qu'il ne me perde pas de vue un feul inftant, de peur que trouvant dans mon récit la moindre lacune, le moindre vide, & fe demandant qu'a-t-il fait durant ce tems-là, il ne m'accufe de n'avoir pas voulu tout dire. Je donne affez de prife à la malignité des hommes par mes récits fans lui en donner encore par mon filence.

Mon petit pécule étoit parti; j'avois jafé, & mon indifcrétion ne fut pas pour mes conducteurs à pure perte. Madame *Sabran* trouva le moyen de m'arracher jufqu'à un petit ruban glacé d'argent que Madame de *Warens* m'avoit donné pour ma petite épée, & que je regrettai plus que tout le refte: l'épée même eût refté dans leurs mains fi je m'étois moins obftiné. Ils m'avoient fidellement défrayé dans la route, mais ils ne m'a-

voient rien laiflé. J'arrive à Turin fans
habits, fans argent, fans linge, & laiffant très-exactement à mon feul mérite
tout l'honneur de la fortune que j'allois
faire.

J'avois des lettres, je les portai, &
tout de fuite je fus mené à l'hofpice des
cathécumenes, pour y être inftruit dans
la religion pour laquelle on me vendoit
ma fubfiftance. En entrant je vis une
grofle porte à barreaux de fer, qui dès
que je fus paffé, fut fermée à double tour
fur mes talons. Ce début me parut plus
impofant qu'agréable, & commençoit
à me donner à penfer, quand on me fit
entrer dans une aflez grande piece. J'y
vis pour tout meuble un autel de bois
furmonté d'un grand crucifix au fond de
la chambre, & autour, quatre ou cinq
chaifes auffi de bois qui paroiffoient
avoir été cirées, mais qui feulement
étoient luifantes à force de s'en fervir
& de les frotter. Dans cette falle d'affemblée étoient quatre ou cinq affreux
bandits, mes camarades d'inftruction,
& qui fembloient plutôt des archers du
Diable que des afpirans à fe faire enfans de Dieu. Deux de ces coquins
étoient des Efclavons qui fe difoient

Juifs & Maures , & qui comme ils me
l'avouerent , paſſoient leur vie à courir
l'Eſpagne & l'Italie, embraſſant le chriſ-
tianiſme & ſe faiſant baptiſer , par-tout
où le produit en valoit la peine.　On
ouvrit une autre porte de fer , qui partageoit en deux un grand balcon régnant
ſur la cour.　Par cette porte entrerent
nos ſœurs les cathécumenes, qui comme
moi s'alloient régénérer , non par le baptême , mais par une ſolemnelle abjuration.　C'étoient bien les plus grandes ſa-
lopes & les plus vilaines coureuſes qui
jamais aient empuanti le bercail du ſei-
gneur.　Une ſeule me parut jolie & aſſez
intéreſſante.　Elle étoit à-peu près de mon
âge , peut - être un an ou deux de plus.
Elle avoit des yeux fripons qui rencon-
troient quelquefois les miens.　Cela m'inſ-
pira quelque deſir de faire connoiſſance
avec elle ; mais pendant près de deux
mois qu'elle demeura encore dans cette
maiſon où elle étoit depuis trois , il me
fut abſolument impoſſible de l'accoſter ;
tant elle étoit recommandée à notre
vieille geoliere & obſédée par le ſaint
miſſionnaire qui travailloit à ſa conver-
ſion avec plus de zele que de diligence.
Il falloit qu'elle fût extrêmement ſtu-

pide ; quoiqu'elle n'en eût pas l'air ; car jamais inſtruction ne fut plus longue. Le ſaint homme ne la trouvoit toujours point en état d'abjurer ; mais elle s'ennuya de ſa clôture , & dit qu'elle vouloit ſortir , chrétienne ou non. Il fallut la prendre au mot , tandis qu'elle conſentoit encore à l'être , de peur qu'elle ne ſe mutinât & qu'elle ne le voulût plus.

La petite communauté fut aſſemblée en l'honneur du nouveau venu. On nous ſit une courte exhortation , à moi pour m'engager à répondre à la grace que Dieu me faiſoit , aux autres pour les inviter à m'accorder leurs prieres & à m'édifier par leurs exemples. Après quoi, nos vierges étant rentrées dans leur clôture , j'eus le tems de m'étonner tout à mon aiſe de celle où je me trouvois.

Le lendemain matin on nous aſſembla de nouveau pour l'inſtruction, & ce fut alors que je commençai à réfléchir pour la premiere fois ſur le pas que j'allois faire, & ſur les démarches qui m'y avoient entraîné.

J'ai dit , je répete , & je répéterai peut-être une choſe dont je ſuis tous les jours plus pénétré ; c'eſt que ſi jamais en-

fant reçut une éducation raifonnable &
faine, ç'a été moi. Né dans une famille
que fes mœurs diftinguoient du peuple,
je n'avois reçu que des leçons de fageffe
& des exemples d'honneur de tous mes
parens. Mon pere, quoique homme de
plaifir, avoit non-feulement une probité
fûre, mais beaucoup · de religion. Galant homme dans le monde & chrétien dans l'intérieur, il m'avoit infpiré
de bonne heure les fentimens dont il
étoit pénétré. De mes trois tantes, toutes fages & vertueufes, les deux aînées
étoient dévotes, & la troifieme, fille à
la fois pleine de graces, d'efprit & de
fens, l'étoit peut-être encore plus qu'elles, quoiqu'avec moins d'oftentation. Du
fein de cette eftimable famille je paffai
chez M. *Lambercier*, qui, bien qu'homme
d'églife & prédicateur, étoit croyant en
dedans, & faifoit prefque auffi bien qu'il
difoit. Sa fœur & lui cultiverent par des
inftructions douces & judicieufes les principes de piété qu'ils trouverent dans mon
cœur. Ces dignes gens employerent pour
cela des moyens fi vrais, fi difcrets, fi
raifonnables, que loin de m'ennuyer au
fermon, je n'en fortois jamais fans être
intérieurement touché & fans faire des

réfolutions de bien vivre auxquelles je manquois rarement en y penfant. Chez ma tante *Bernard* la dévotion m'ennuyoit un peu plus, parce qu'elle en faifoit un métier. Chez mon maître je n'y penfois plus gueres, fans pourtant penfer différemment. Je ne trouvai point de jeunes gens qui me pervertiffent. Je devins poliffon, mais non libertin.

J'avois donc de la religion tout ce qu'un enfant à l'âge où j'étois en pouvoit avoir. J'en avois même davantage, car pourquoi déguifer ici ma penfée? Mon enfance ne fut point d'un enfant. Je fentis, je penfai toujours en homme. Ce n'eft qu'en grandiffant que je fuis rentré dans la claffe ordinaire, en naiffant j'en étois forti. L'on rira de me voir me donner modeftement pour un prodige. Soit; mais quand on aura bien ri, qu'on trouve un enfant qu'à fix ans les romans attachent, intéreffent, tranfportent, au point d'en pleurer à chaudes larmes; alors je fentirai ma vanité ridicule, & je conviendrai que j'ai tort.

Ainfi quand j'ai dit qu'il ne falloit point parler aux enfans de religion fi l'on vouloit qu'un jour ils en euffent,

& qu'ils étoient incapables de connoître Dieu, même à notre maniere, j'ai tiré mon fentiment de mes obfervations, non de ma propre expérience : je favois qu'elle ne concluoit rien pour les autres. Trouvez des *J. J. Rouffeau* à fix ans, & parlez leur de Dieu à fept, je vous réponds que vous ne courez aucun rifque.

On fent, je crois, qu'avoir de la religion pour un enfant, & même pour un homme, c'eft fuivre celle où il eft né. Quelquefois on en ôte ; rarement on y ajoute ; la foi dogmatique eft un fruit de l'éducation. Outre ce principe commun qui m'attachoit au culte de mes peres, j'avois l'averfion particuliere à notre ville pour le catholicifme, qu'on nous donnoit pour une affreufe idolâtrie, & dont on nous peignoit le clergé fous les plus noires couleurs. Ce fentiment alloit fi loin chez moi qu'au commencement je n'entrevoyois jamais le dedans d'une Eglife, je ne rencontrois jamais un prêtre en furplis, je n'entendois jamais la fonnette d'une proceffion fans un frémiffement de terreur & d'effroi qui me quitta bientôt dans les villes, mais qui fouvent m'a repris dans

les

les paroiſſes de campagne, plus ſembla-
bles à celles où je l'avois d'abord éprouvé.
Il eſt vrai que cette impreſſion étoit ſin-
guliérement conſtatée par le ſouvenir
des careſſes que les curés des environs
de Geneve font volontiers aux enfans
de la ville. En même-tems que la ſon-
nette du viatique me faiſoit peur, la
cloche de la meſſe & de vêpres me rappelloit un déjeûner, un goûter, du
beurre frais, des fruits, du laitage. Le
bon dîné de M. *de Pontverre* avoit produit
encore un grand effet. Ainſi je m'étois
aiſément étourdi ſur tout cela. N'envi-
ſageant le papiſme que par ſes liaiſons
avec les amuſemens & la gourmandiſe,
je m'étois apprivoiſé ſans peine avec
l'idée d'y vivre ; mais celle d'y entrer
ſolemnellement ne s'étoit préſentée à
moi qu'en fuyant & dans un avenir éloigné. Dans ce moment il n'y eut plus
moyen de prendre le change : je vis
avec l'horreur la plus vive l'eſpece d'en-
gagement que j'avois pris & ſa ſuite inévitable. Les futurs néophytes que j'avois
autour de moi n'étoient pas propres à ſoutenir mon courage par leur exemple,
& je ne pus me diſſimuler que la ſainte
œuvre que j'allois faire n'étoit au fond

1re Partie.   F

que l'action d'un bandit. Tout jeune encore je sentis que quelque religion qui fût la vraie j'allois vendre la mienne, & que, quand même je choisirois bien, j'allois au fond de mon cœur mentir au Saint-Esprit, & mériter le mépris des hommes. Plus j'y pensois, plus je m'indignois contre moi-même, & je gémissois du sort qui m'avoit amené là, comme si ce sort n'eût pas été mon ouvrage. Il y eut des momens où ces réflexions devinrent si fortes que si j'avois un instant trouvé la porte ouverte, je me serois certainement évadé ; mais il ne me fut pas possible, & cette résolution ne tint pas non plus bien fortement.

Trop de desirs secrets la combattoient pour ne la pas vaincre. D'ailleurs l'obstination du dessein formé de ne pas retourner à Geneve ; la honte, la difficulté même de repasser les monts ; l'embarras de me voir loin de mon pays sans amis, sans ressources ; tout cela concouroit à me faire regarder comme un repentir tardif les remords de ma conscience ; j'affectois de me reprocher ce que j'avois fait, pour excuser ce que j'allois faire. En aggravant les torts du paſſé, j'en regardois l'avenir comme une ſuite néceſſaire. Je ne me diſois pas ; rien n'eſt fait encore & tu peux être innocent ſi tu veux : mais je me diſois : gémis du crime dont tu t'es rendu coupable, & que tu t'eſt mis dans la néceſſité d'achever.

En effet, quelle rare force d'ame ne me falloit-il point à mon âge, pour révoquer tout ce que juſques-là j'avois pu promettre ou laiſſer eſpérer, pour rompre les chaînes que je m'étois données, pour déclarer avec intrépidité que je voulois reſter dans la religion de mes peres, au riſque de tout ce qui en pouvoit arriver ? Cette vigueur n'étoit pas de mon âge, & il eſt peu probable qu'elle eût eu un heureux ſuccès. Les choſes étoient trop avancées pour qu'on voulût en avoir le démenti, & plus ma réſiſtance eût été grande, plus de maniere ou d'autre ou ſe fût fait une loi de la ſurmonter.

Le ſophiſme qui me perdit eſt celui de la plupart des hommes, qui ſe plaignent de manquer de force quand il eſt déjà trop tard pour en uſer. La vertu ne nous coûte que par notre faute, & ſi nous voulions être toujours ſages, ra-

rement aurions-nous befoin d'être vertueux. Mais des penchans faciles à fur-
monter nous entraînent fans réfiftance :
nous cédons à des tentations légeres
dont nous méprifons le danger. Infenfiblement nous tombons dans des fituations périlleufes dont nous pouvions aifément nous garantir, mais dont nous
ne pouvons plus nous tirer fans des efforts héroïques qui nous effrayent, &
nous tombons enfin dans l'abyme, en
difant à Dieu, pourquoi m'as tu fait
fi foible ? Mais malgré nous il répond
à nos confciences ; je t'ai fait trop
foible pour fortir du gouffre, parce
que je t'ai fait affez fort pour n'y pas
tomber.

Je ne pris pas précifément la réfolution de me faire catholique : mais voyant
le terme encore éloigné, je pris le tems
de m'apprivoifer à cette idée, & en attendant je me figurois quelque événement imprévu qui me tireroit d'embarras. Je réfolus pour gagner du tems de
faire la plus belle défenfe qu'il me feroit poffible. Bientôt ma vanité me dif-
penfa de fonger à ma réfolution, & dès
que je m'apperçus que j'embarraffois
quelquefois ceux qui vouloient m'inf-

truire, il ne m'en fallut pas davantage pour chercher à les terraſſer tout-à-fait. Je mis même à cette entrepriſe un zele bien ridicule : car tandis qu'ils travailloient ſur moi je voulus travailler ſur eux. Je croyois bonnement qu'il ne falloit que les convaincre, pour les engager à ſe faire proteſtans.

Ils ne trouverent donc pas en moi tout-à-fait autant de facilité qu'ils en attendoient, ni du côté des lumieres, ni du côté de la volonté. Les proteſtans ſont généralement mieux inſtruits que les catholiques. Cela doit être : la doctrine des uns exige la diſcuſſion, celle des autres la ſoumiſſion. Le catholique doit adopter la déciſion qu'on lui donne, le proteſtant doit apprendre à ſe décider. On ſavoit cela ; mais on n'attendoit ni de mon état, ni de mon âge de grandes difficultés pour des gens exercés. D'ailleurs, je n'avois point fait encore ma premiere communion, ni reçu les inſtructions qui s'y rapportent : on le ſavoit encore ; mais on ne ſavoit pas qu'en revanche j'avois été bien inſtruit chez M. *Lambercier ;* & que de plus, j'avois par devers moi un petit magaſin fort incommode à ces Meſſieurs dans l'hiſtoire de l'Egliſe & de l'Empire que j'avois appriſe preſque par cœur chez mon pere, & depuis à peu près oubliée, mais qui me revint, à meſure que la diſpute s'échauffoit.

Un vieux prêtre, petit, mais aſſez vénérable, nous fit en commun la premiere conférence. Cette conférence étoit pour mes camarades un cathéchiſme plutôt qu'une controverſe, & il avoit plus à faire à les inſtruire qu'à réſoudre leurs objections. Il n'en fut pas de même avec moi. Quand mon tour vint, je l'arrêtai ſur tout, je ne lui ſauvai pas une des difficultés que je pus lui faire. Cela rendit la conférence fort longue, & fort ennuyeuſe pour les aſſiſtans. Mon vieux prêtre parloit beaucoup, s'échauffoit, battoit la campagne, & ſe tiroit d'affaire en diſant qu'il n'entendoit pas bien le françois. Le lendemain de peur que mes indiſcretes objections ne ſcandaliſaſſent mes camarades, on me mit à part dans une autre chambre avec un autre prêtre plus jeune, beau parleur, c'eſtà-dire, faiſeur de longues phraſes & content de lui ſi jamais docteur le fut. Je ne me laiſſai pourtant pas trop ſubjuguer à ſa mine impoſante, & ſentant

qu'après tout je faisois ma tâche, je me
mis à lui répondre avec assez d'assurance & à le bourrer par-ci par là du
mieux que je pus. Il croyoit m'assom-
mer avec Saint Augustin, Saint Gré-
goire & les autres Peres, & il trouvoit
avec une surprise incroyable que je ma-
niois tous ces Peres-là presque aussi légérement que lui ; ce n'étoit pas que je
les eusse jamais lus, ni lui peut-être ; mais
j'en avois retenu beaucoup de passages
tirés de mon le Sueur ; & si-tôt qu'il m'en
citoit un, sans disputer sur la citation
je lui ripostois par un autre du même
Pere, & qui souvent l'embarrassoit beaucoup. Il l'emportoit pourtant à la fin,
par deux raisons. L'une qu'il étoit le plus
fort, & que me sentant pour ainsi dire,
je jugeois très-bien à sa merci, quelque
jeune que je fusse, qu'il ne falloit pas le
pousser à bout ; car je voyois assez que le
vieux petit prêtre n'avoit pris en amitié ni mon érudition ni moi. L'autre
raison étoit que le jeune avoit de l'é-
tude & que je n'en avois point. Cela
faisoit qu'il mettoit dans sa maniere d'ar-
gumenter une méthode que je ne pouvois pas suivre, & que, si tôt qu'il se
sentoit pressé d'une objection imprévue,

il la remettoit au lendemain, difant que je fortois du fujet préfent. Il rejettoit même quelquefois toutes mes citations foutenant qu'elles étoient fauffes, & s'offrant à m'aller chercher le livre, me défioit de les y trouver. Il fentoit qu'il ne rifquoit pas grand'chofe, & qu'avec toute mon érudition d'emprunt, j'étois trop peu exercé à manier les livres, & trop peu latinifte pour trouver un paffage dans un gros volume, quand même je ferois affuré qu'il y eft. Je le foupçonne même d'avoir ufé de l'infidélité dont il accufoit les Miniftres, & d'avoir fabriqué quelquefois des paffages pour fe tirer d'une objection qui l'incommodoit.

Mais enfin le féjour de l'hofpice me devenant chaque jour plus défagréable, & n'appercevant pour en fortir qu'une feule voie, je m'empreffai de la prendre autant que jufques-là je m'étois efforcé de l'éloigner.

Les deux africains avoient été baptifés en grande cérémonie, habillés de blanc de la tête aux pieds pour repréfenter la candeur de leur ame régénérée. Mon tour vint un mois après ; car il fallut tout ce tems-là pour donner à mes

directeurs l'honneur d'une converfion
difficile, & l'on me fit paffer en revue tous
les dogmes pour triompher de ma nouvelle docilité.

Enfin , fuffifamment inftruit & fuffifamment difpofé au gré de mes maîtres, je fus mené proceffionnellement
à l'églife métropolitaine de St. Jean
pour y faire une abjuration folemnelle ,
& recevoir les acceffoires du baptême,
quoiqu'on ne me rebaptifât pas réelle-
ment : mais comme ce font à-peu-près
les mêmes cérémonies, cela fert à per-
fuader au peuple que les proteftans ne
font pas chrétiens. J'étois revêtu d'une
certaine robe grife , garnie de brande-
bourgs blancs & deftinée pour ces fortes
d'occafions. Deux hommes portoient
devant & derriere moi des baffins de
cuivre fur lefquels ils frappoient avec
une clef, & où chacun mettoit fon aumône au gré de fa dévotion ou de l'intérêt qu'il prenoit au nouveau converti.
Enfin rien du fafte catholique ne fut
omis pour rendre la folemnité plus édi-
fiante pour le public, & plus humi-
liante pour moi. Il n'y eut que l'habit
blanc qui m'eût été fort utile, & qu'on
ne me donna pas comme au maure, at-

F v

tendu que je n'avois pas l'honneur d'être
Juif.

Ce ne fut pas tout. Il fallut enfuite
aller à l'inquifition recevoir l'abfolution
du crime d'héréfie & rentrer dans le
fein de l'Eglife avec la même cérémonie, à laquelle Henri IV fut foumis par
fon Ambaffadeur. L'air & les manieres
du très-révérend pere inquifiteur, n'é-
toient pas propres à diffiper la terreur
fecrete qui m'avoit faifi en entrant dans
cette maifon. Après plufieurs queftions
fur ma foi, fur mon état, fur ma famille, il me demanda brufquement fi
ma mere étoit damnée. L'effroi me fit
réprimer le premier mouvement de mon
indignation ; je me contentai de répondre que je voulois efpérer qu'elle ne
l'étoit pas, & que Dieu avoit pu l'é-
clairer à fa derniere heure. Le moine
fe tut, mais il fit une grimace qui ne me
parut point du tout un figne d'approbation.

Tout cela fait ; au moment où je
penfois être enfin placé felon mes efpérances, on me mit à la porte avec un
peu plus de vingt francs en petite monnoie qu'avoit produit ma quête. On me
recommanda de vivre en bon chrétien,

d'être fidele à la grace ; on me souhaita bonne fortune, on ferma sur moi la porte, & tout disparut.

Ainsi s'éclipserent en un instant toutes mes grandes espérances, & il ne me resta de la démarche intéressée que je venois de faire, que le souvenir d'avoir été apostat & dupe tout à la fois. Il est aisé de juger quelle brusque révolution dut se faire dans mes idées, lorsque de mes brillans projets de fortune, je me vis tomber dans la plus complete misere, & qu'après avoir délibéré le matin sur le choix du palais que j'habiterois, je me vis le soir réduit à coucher dans la rue. On croira que je commençai par me livrer à un désespoir d'autant plus cruel que le regret de mes fautes devoit s'irriter en me reprochant que tout mon malheur étoit mon ouvrage. Rien de tout cela. Je venois pour la premiere fois de ma vie d'être enfermé pendant plus de deux mois. Le premier sentiment que je goûtai fut celui de la liberté que j'avois recouvrée. Après un long esclavage, redevenu maître de moi-même & de mes actions, je me voyois au milieu d'une grande ville abondante en ressources, pleine de

gens de condition , dont mes talens &
mon mérite ne pouvoient manquer de
me faire accueillir si-tôt que j'en serois
connu. J'avois , de plus, tout le tems
d'attendre , & vingt francs que j'avois
dans ma poche, me sembloient un tré-
sor qui ne pouvoit s'épuiser. J'en pouvois disposer à mon gré , sans rendre
compte à personne. C'étoit la premiere
fois que je m'étois vu si riche. Loin de
me livrer au découragement & aux larmes, je ne fis que changer d'espérances ;
& l'amour-propre n'y perdit rien. Jamais
je ne me sentis tant de confiance & de
sécurité : je croyois déjà ma fortune
faite , & je trouvois beau de n'en avoir
l'obligation qu'à moi seul.

La premiere chose que je fis, fut de
satisfaire ma curiosité en parcourant
toute la ville, quand ce n'eût été que
pour faire un acte de ma liberté. J'allai voir monter la garde ; les instrumens
militaires me plaisoient beaucoup. Je
suivis des processions ; j'aimois le faux
bourdon des prétres. J'allai voir le palais du Roi : j'en approchois avec crainte ;
mais voyant d'autres gens entrer, je fis
comme eux, on me laissa faire. Peut-
être dus-je cette grace au petit paquet

que j’avois fous le bras. Quoi qu’il en foit, je conçus une grande opinion de moi-même en me trouvant dans ce palais : déja je m’en regardois prefque comme un habitant. Enfin, à force d’aller & venir, je me laffai, j’avois faim, il faifoit chaud ; j’entrai chez une marchande de laitage : on me donna de la giuncà, du lait caillé, & avec deux griffes de cet excellent pain de Piémont que j’aime plus qu’aucun autre, je fis pour mes cinq ou fix fols un des bons dînés que j’aye faits de mes jours.

Il fallut chercher un gîte. Comme je favois déja affez de piémontois pour me faire entendre, il ne me fut pas difficile à trouver, & j’eus la prudence de le choifir, plus felon ma bourfe que felon mon goût. On m’enfeigna dans la rue du Pô la femme d’un foldat, qui retiroit à un fou par nuit des domeftiques hors de fervice. Je trouvai chez elle un grabat vide, & je m’y établis. Elle étoit jeune, & nouvellement mariée, quoiqu’elle eût déja cinq ou fix enfans. Nous couchâmes tous dans la même chambre, la mere, les enfans, les hôtes, & cela dura de cette façon tant que je reſtai chez elle. Au demeurant c'étoit une bonne femme, jurant comme un charretier, toujours débraillée & décoiffée, mais douce de cœur, officieuſe, qui me prit en amitié, & qui même me fut utile.

Je paſſai pluſieurs jours à me livrer uniquement au plaiſir de l'indépendance & de la curioſité. J'allois errant dedans & dehors la ville, furetant, viſitant tout ce qui me paroiſſoit curieux & nouveau, & tout l'étoit pour un jeune homme ſortant de ſa niche qui n'avoit jamais vu de capitale. J'étois ſur-tout fort exact à faire ma cour, & j'aſſiſtois réguliérement tous les matins à la meſſe du Roi. Je trouvois beau de me voir dans la même chapelle avec ce Prince & ſa ſuite : mais ma paſſion pour la muſique, qui commençoit à ſe déclarer, avoit plus de part à mon aſſiduité que la pompe de la cour qui bientôt vue & toujours la même, ne frappe pas long-tems. Le Roi de Sardaigne avoit alors la meilleure ſymphonie de l'Europe. Somis, Desjardins, les Bezuzzi y brilloient alternativement. Il n'en falloit pas tant pour attirer un jeune homme que le jeu du moindre inſtrument, pourvu qu'il fût juſte, tranſportoit d’aiſe. Du reſte, je n’avois pour la magnificence qui frappoit mes yeux qu’une admiration ſtupide & ſans convoitiſe. La ſeule choſe qui m’intéreſsât dans tout l’éclat de la cour, étoit de voir s’il n’y auroit point là quelque jeune Princeſſe qui méritât mon hommage, & avec laquelle je puſſe faire un roman.

Je faillis en commencer un dans un état moins brillant, mais où, ſi je l’euſſe mis à fin, j’aurois trouvé des plaiſirs mille fois plus délicieux.

Quoique je vécuſſe avec beaucoup d’économie, ma bourſe inſenſiblement s’épuiſoit. Cette économie au reſte étoit moins l’effet de la prudence que d’une ſimplicité de goût que même aujourd’hui l’uſage des grandes tables n’a point altéré. Je ne connoiſſois pas, & je ne connois pas encore de meilleure chere que celle d’un repas ruſtique. Avec du laitage, des œufs, des herbes, du fromage, du pain bis & du vin paſſable, on eſt toujours ſûr de me bien régaler ; mon bon appétit fera le reſte quand un maître d’hôtel & des laquais autour de moi ne me raſſaſieront pas de leur importun aſpect. Je faiſois alors de beaucoup meil-

leurs repas avec six ou sept sols de dépense que je ne les ai fait depuis à six
ou sept francs. J'étois donc sobre faute
d'être tenté de ne pas l'être ; encore
ai-je tort d'appeller tout cela sobriété ;
car j'y mettois toute la sensualité possible. Mes poires, ma giuncà, mon fromage, mes grisses, & quelques verres
d'un gros vin de Monferrat à couper par
tranches, me rendoient le plus heureux
des gourmands. Mais encore avec tout
cela pouvoit-on voir la fin de vingt
livres. C'étoit ce que j'appercevois plus
sensiblement de jour en jour, & malgré
l'étourderie de mon âge, mon inquiétude sur l'avenir, alla bientôt jusqu'à
l'effroi. De tous mes châteaux en Espa-
gne, il ne me resta que celui de chercher une occupation qui me fît vivre,
encore n'étoit-il pas facile à réaliser. Je
songeai à mon ancien métier ; mais je
ne le savois pas assez pour aller travailler chez un maître, & les maîtres même
n'abondoient pas à Turin. Je pris donc
en attendant mieux le parti d'aller m'offrir de boutique en boutique pour gra-
ver un chiffre ou des armes sur de la
vaisselle, espérant tenter les gens par
le bon marché, en me mettant à leur

discrétion. Cet expédient ne fut pas fort
heureux. Je fus presque par-tout écon-
duit, & ce que je trouvois à faire étoit
si peu de chose, qu'à peine y gagnai-je
quelques repas. Un jour, cependant,
passant d'assez bon matin dans la contrà
nova, je vis à travers les vitres d'un
comptoir une jeune marchande de si
bonne grace, & d'un air si attirant, que
malgré ma timidité près des dames, je
n'hésitai pas d'entrer & de lui offrir mon
petit talent. Elle ne me rebuta point,
me fit asseoir, conter ma petite histoire, me plaignit, me dit d'avoir bon
courage, & que les bons chrétiens ne
m'abandonneroient pas : puis, tandis
qu'elle envoyoit chercher chez un or-
fèvre du voisinage les outils dont j'avois
dit avoir besoin, elle monta dans sa
cuisine & m'apporta elle-même à déjeûner. Ce début me parut de bon augure ; la suite ne le démentit pas. Elle
parut contente de mon petit travail ;
encore plus de mon petit babil quand je
me fus un peu rassuré : car elle étoit brillante & parée, & malgré son air gra-
cieux, cet éclat m'en avoit imposé. Mais
son accueil plein de bonté, son ton
compatissant, ses manieres douces & ca-

reſſantes me mirent bientôt à mon aiſe. Je vis que je réuſſiſſois, & cela me fit réuſſir davantage. Mais quoiqu'Italienne, & trop jolie pour n'être pas un peu coquette, elle étoit pourtant ſi modeſte, & moi ſi timide, qu'il étoit difficile que cela vînt ſitôt à bien. On ne nous laiſſa pas le tems d'achever l'aventure. Je ne m'en rappelle qu'avec plus de charmes les courts momens que j'ai paſſés auprès d'elle, & je puis dire y avoir goûté dans leurs prémices les plus doux ainſi que les plus purs plaiſirs de l'amour.

C'étoit une brune extrêmement piquante, mais dont le bon naturel peint ſur ſon joli viſage, rendoit la vivacité touchante. Elle s'appelloit Madame *Baſile*. Son mari, plus âgé qu'elle & paſſablement jaloux, la laiſſoit durant ſes voyages ſous la garde d'un commis trop mauſſade pour être ſéduiſant, & qui ne laiſſoit pas d'avoir des prétentions pour ſon compte, qu'il ne montroit gueres que par ſa mauvaiſe humeur. Il en prit beaucoup contre moi, quoique j'aimaſſe à l'entendre jouer de la flûte, dont il jouoit aſſez bien. Ce nouvel Egiſte grognoit toujours quand il me voyoit entrer chez ſa Dame; il me traitoit avec un dédain qu'elle lui rendoit bien. Il sembloit même qu'elle se plût pour le tourmenter à me caresser en sa présence, & cette sorte de vengeance, quoique fort de mon goût, l'eût été bien plus dans le tête-à-tête. Mais elle ne la poussoit pas jusques-là, ou du moins ce n'étoit pas de la même maniere. Soit qu'elle me trouvât trop jeune, soit qu'elle ne sût point faire les avances, soit qu'elle voulût sérieusement être sage, elle avoit alors une sorte de réserve qui n'étoit pas repoussante, mais qui m'intimidoit sans que je susse pourquoi. Quoique je ne me sentisse pas pour elle ce respect aussi vrai que tendre que j'avois pour Madame de *Warens*, je me sentois plus de crainte & bien moins de familiarité. J'étois embarrassé, tremblant, je n'osois la regarder, je n'osois respirer auprès d'elle ; cependant je craignois plus que la mort de m'en éloigner. Je dévorois d'un œil avide tout ce que je pouvois regarder sans être apperçu : les fleurs de sa robe, le bout de son joli pied, l'intervalle d'un bras ferme & blanc qui paroissoit entre son gant & sa manchette, & celui qui se faisoit quelquefois entre son tour de gorge & son mouchoir. Chaque objet

ajoutoit à l'impreſſion des autres. A force
de regarder ce que je pouvois voir &
même au delà, mes yeux ſe troubloient,
ma poitrine s'oppreſſoit, ma reſpiration
d'inſtant en inſtant plus embarraſſée,
me donnoit beaucoup de peine à gou-
verner, & tout ce que je pouvois faire
étoit de filer ſans bruit des ſoupirs fort
incommodes dans le ſilence où nous
étions aſſez ſouvent. Heureuſement Madame *Baſile*, occupée à ſon ouvrage,
ne s'en appercevoit pas à ce qu'il mé
ſembloit. Cependant je voyois quelquefois par une ſorte de ſympathie, ſon fi-
chu ſe renfler aſſez fréquemment. Ce
dangereux ſpectacle achevoit de me perdre, & quand j'étois prêt à céder à mon
tranſport, elle m'adreſſoit quelque mot
d'un ton tranquille, qui me faiſoit rentrer en moi même à l'inſtant.

Je la vis pluſieurs fois ſeule de cette
maniere, ſans que jamais un mot, un
geſte, un regard même trop expreſſif,
marquât entre nous la moindre intelligence. Cet état, très-tourmentant pour
moi, faiſoit cependant mes délices, &
à peine dans la ſimplicité de mon cœur
pouvois-je imaginer pourquoi j'étois ſi
tourmenté. Il paroiſſoit que ces petits

tête-à-têtes ne lui déplaisoient pas non plus; du moins elle en rendoit les occasions assez fréquentes; soin bien gratuit assurément de sa part, pour l'usage qu'elle en faisoit, & qu'elle m'en laissoit faire.

Un jour qu'ennuyée des sots colloques du commis, elle avoit monté dans sa chambre, je me hâtai dans l'arrière-boutique où j'étois d'achever ma petite tâche, & je la suivis. Sa chambre étoit entr'ouverte; j'y entrai sans être apperçu. Elle brodoit près d'une fenêtre ayant en face le côté de la chambre opposé à la porte. Elle ne pouvoit me voir entrer, ni m'entendre, à cause du bruit que des chariots faisoient dans la rue. Elle se mettoit toujours bien: ce jour-là sa parure approchoit de la coquetterie. Son attitude étoit gracieuse, sa tête un peu baissée laissoit voir la blancheur de son cou, ses cheveux relevés avec élégance étoient ornés de fleurs. Il régnoit dans toute sa figure un charme que j'eus le tems de considérer, & qui me mit hors de moi. Je me jettai à genoux à l'entrée de la chambre, en tendant les bras vers elle d'un mouvement passionné, bien sûr qu'elle ne pouvoit m'entendre, & ne pensant pas qu'elle pût me voir: mais il y avoit à la cheminée une glace qui me trahit. Je ne fais quel effet ce tranf-port fit fur elle ; elle ne me regarda point, ne me parla point ; mais tour-nant à demi la tête, d'un fimple mou-vement de doigt elle me montra la natte à fes pieds. Treffaillir, pouffer un cri, m'élancer à la place qu'elle m'avoit mar-quée ne fut pour moi qu'une même cho-fe : mais ce qu'on auroit peine à croire, eft que dans cet état je n'ofai rien en-treprendre au-delà, ni dire un feul mot, ni lever les yeux fur elle, ni la toucher même dans une attitude auffi contrainte, pour m'appuyer un inftant fur fes ge-noux. J'étois muet, immobile ; mais non pas tranquille affurément: tout marquoit en moi l'agitation, la joie, la recon-noiffance, les ardens defirs incertains dans leur objet, & contenus par la frayeur de déplaire, fur laquelle mon jeune cœur ne pouvoit fe raffurer.

Elle ne paroiffoit ni plus tranquille ni moins timide que moi. Troublée de me voir là, interdite de m'y avoir at-tiré, & commençant à fentir toute la conféquence d'un figne parti fans doute avant la réflexion, elle ne m'accueilloit ni me repouffoit ; elle n'ôtoit pas les yeux de deſſus ſon ouvrage ; elle tâchoit de faire comme ſi elle ne m'eût pas vu à ſes pieds, mais toute ma bêtiſe ne m'empêchoit pas de juger qu'elle partageoit mon embarras, peut-être mes deſirs & qu'elle étoit retenue par une honte ſemblable à la mienne, ſans que cela me donnât la force de la ſurmonter. Cinq ou ſix ans qu'elle avoit de plus que moi, devoient, ſelon moi, mettre de ſon côté toute la hardieſſe, & je me diſois que puiſqu'elle ne faiſoit rien pour exciter la mienne, elle ne vouloit pas que j'en euſſe. Même encore aujourd'hui je trouve que je penſois juſte, & ſûrement elle avoit trop d'eſprit pour ne pas voir qu'un novice tel que moi avoit beſoin, non-ſeulement d'être encouragé, mais d'être inſtruit.

Je ne ſais comment eût ſini cette ſcene vive & muette, ni combien de tems j'aurois demeuré immobile dans cet état ridicule & délicieux, ſi nous n'euſſions été interrompus. Au plus fort de mes agitations, j'entendis ouvrir la porte de la cuiſine qui touchoit la chambre où nous étions, & Madame *Baſile* alarmée me dit vivement de la voix & du geſte ; levez-vous, voici *Roſina*. En me levant en hâte, je faifis une main qu'elle me tendoit, & j'y appliquai deux baifers brúlans, au fecond defquels je fentis cette charmante main fe preller un peu contre mes levres. De mes jours je n'eus un fi doux moment: mais l'occafion que j'avois perdue ne revint plus, & nos jeunes amours en refterent là.

C'eft peut-être pour cela même que l'image de cette aimable femme eft reftée empreinte au fonds de mon cœur en traits fi charmans. Elle s'y eft même embellie à mefure que j'ai mieux connu le monde & les femmes. Pour peu qu'elle eût eu d'expérience, elle s'y fût prife autrement pour animer un petit garçon: mais fi fon cœur étoit foible, il étoit honnéte; elle cédoit involontairement au penchant qui l'entraînoit, c'étoit felon toute apparence fa premiere infidélité, & j'aurois peut-être eu plus à faire à vaincre fa honte, que la mienne. Sans en être venu là j'ai goûté près d'elle des douceurs inexprimables. Rien de tout ce que m'a fait fentir la poffeffion des femmes ne vaut les deux minutes que j'ai paflées à fes pieds, fans même ofer toucher à fa robe. Non, il n'y a point de jouiffances pareilles à celles que peut

donner

donner une honnête femme qu'on aime : tout eſt faveur auprès d'elle. Un petit ſigne du doigt, une main légérement preſſée contre ma bouche, ſont les ſeules faveurs que je reçus jamais de Madame *Baſile*, & le ſouvenir de ſes faveurs ſi légeres me tranſporte encore en y penſant.

Les deux jours ſuivans j'eus beau guet-ter un nouveau tête-à-tête ; il me fut impoſſible d'en trouver le moment, & je n'apperçus de ſa part aucun ſoin pour le ménager. Elle eut même le maintien, non plus froid, mais plus retenu qu'à l'ordinaire, & je crois qu'elle évitoit mes regards de peur de ne pouvoir aſſez gou-verner les ſiens. Son maudit commis fut plus déſolant que jamais. Il devint mê-me railleur, goguenard ; il me dit que je ferois mon chemin près des Dames. Je tremblois d'avoir commis quelque indiſcrétion, & me regardant déjà com-me d'intelligence avec elle, je voulus cōuvrir du myſtere un goût qui juſqu'a-lors n'en avoit pas grand beſoin. Cela me rendit plus circonſpect à ſaiſir les occaſions de le ſatisfaire, & à force de les vouloir ſûres, je n'en trouvai plus du tout.

Voici encore une autre folie roma-neſque dont jamais je n'ai pu me guérir,

& qui, jointe à ma timidité naturelle, a beaucoup démenti les prédictions du commis. J'aimois trop fincérement, trop parfaitement, j'ose dire, pour pouvoir aifément être heureux. Jamais paffions ne furent en même tems plus vives & plus pures que les miennes ; jamais amour ne fut plus tendre, plus vrai, plus défintéreffé. J'aurois mille fois facrifié mon bonheur à celui de la perfonne que j'aimois ; fa réputation m'étoit plus chere que ma vie, & jamais pour tous les plaifirs de la jouiffance, je n'aurois voulu compromettre un moment fon repos. Cela m'a fait apporter tant de foins, tant de fecret, tant de précaution dans mes entreprifes, que jamais aucune n'a pu réuffir. Mon peu de fuccès près des femmes eft toujours venu de les trop aimer.

Pour revenir au flûteur Egifte, ce qu'il y avoit de fingulier étoit qu'en devenant plus infupportable, le traître fembloit devenir plus complaifant. Dès le premier jour que fa dame m'avoit pris en affection, elle avoit fongé à me rendre utile dans le magafin. Je favois paffablement l'arithmétique ; elle lui avoit propofé de m'apprendre à tenir les li-

vres : mais mon bourru reçut très-mal
la propofition, craignant peut-être d'être
fupplanté. Ainfi tout mon travail, après
mon burin, étoit de tranfcrire quelques
comptes & mémoires, de mettre au net
quelques livres, & de traduire quelques
lettres de commerce d'italien en françois.
Tout d'un coup mon homme s'avifa de
revenir à la propofition faite & rejettée,
& dit qu'il m'apprendroit les comptes à
parties doubles, & qu'il vouloit me mettre en état d'offrir mes fervices à M. *Ba-*
file, quand il feroit de retour. Il y avoit
dans fon ton, dans fon air, je ne fais
quoi de faux, de malin, d'ironique, qui
ne me donnoit pas de la confiance. Madame *Bafile* fans attendre ma réponfe
lui dit féchement que je lui étois obligé
de fes offres; qu'elle efpéroit que la fortune favoriferoit enfin mon mérite, &
que ce feroit grand dommage qu'avec
tant d'efprit je ne fuffe qu'un commis.

Elle m'avoit dit plufieurs fois qu'elle
vouloit me faire faire une connoiffance
qui pourroit m'être utile. Elle penfoit
affez fagement pour fentir qu'il étoit
tems de me détacher d'elle. Nos muettes
déclarations s'étoient faites le jeudi. Le
dimanche elle donna un dîné où je me

trouvai ; & où se trouva aussi un Jacobin de bonne mine, auquel elle me présenta. Le moine me traita très - affectueusement, me félicita sur ma conversion, & me dit plusieurs choses sur mon histoire qui m'apprirent qu'elle la lui avoit détaillée : puis me donnant deux petits coups d'un revers de main sur la joue, il me dit d'être sage, d'avoir bon courage & de l'aller voir, que nous causerions plus à loisir ensemble. Je jugeai par les égards que tout le monde avoit pour lui, que c'étoit un homme de considération, & par le ton paternel qu'il prenoit avec Madame *Basile* qu'il étoit son confesseur. Je me rappelle bien aussi que sa décente familiarité étoit mélée de marques d'estime & même de respect pour sa pénitente, qui me firent alors moins d'impression qu'elle ne m'en font aujourd'hui. Si j'avois eu plus d'intelligence, combien j'eusse été touché d'avoir pu rendre sensible une jeune femme respectée par son confesseur !

La table ne se trouva pas assez grande pour le nombre que nous étions. Il en fallut une petite où j'eus l'agréable tête-à-tête de Monsieur le commis. Je n'y perdis rien du côté des attentions & de

la bonne chere; il y eut bien des af-
fiettes envoyées à la petite table dont
l'intention n'étoit fûrement pas pour lui.
Tout alloit très-bien jufques-là ; les femmes étoient fort gaies, les hommes fort
galans, Madame *Bafile* faifoit fes hon-
neurs avec une grace charmante. Au milieu du dîné on entend arrêter une chaife
à la porte, quelqu'un monte ; c'eft M.
Bafile. Je le vois comme s'il entroit ac-
tuellement, en habit d'écarlate à bou-
tons d'or ; couleur que j'ai prife en averfion depuis ce jour là. M. *Bafile* étoit
un grand & bel homme, qui fe préfen-
toit très-bien. Il entre avec fracas, & de
l'air de quelqu'un qui furprend fon monde, quoiqu'il n'y eût là que de fes amis.
Sa femme lui faute au cou, lui prend
les mains, lui fait mille careffes qu'il
reçoit fans les lui rendre. Il falue la
compagnie, on lui donne un couvert,
il mange. A peine avoit-on commencé
de parler de fon voyage, que jettant les
yeux fur la petite table, il demande d'un
ton févere, ce que c'eft que ce petit
garçon qu'il apperçoit là. Madame *Bafile* le lui dit tout naivement. Il demande
fi je loge dans la maifon ? On lui dit
que non. Pourquoi non ? reprend - il

groſſiérement: puiſqu'il s'y tient le jour
il peut bien y reſter la nuit. Le moine
prit la parole, & après un éloge grave
& vrai de Madame *Baſile*, il fit le mien
en peu de mots; ajoutant que loin de
blâmer la pieuſe charité de ſa femme,
il devoit s'empreſſer d'y prendre part;
puiſque rien n'y paſſoit les bornes de la
diſcrétion. Le mari répliqua d'un ton
d'humeur dont il cachoit la moitié, contenu par la préſence du moine, mais qui
ſuffit pour me faire ſentir qu'il avoit des
inſtructions ſur mon compte, & que le
commis m'avoit ſervi de ſa façon.

A peine étoit-on hors de table, que
celui ci dépéché par ſon bourgeois,
vint en triomphe me ſignifier de ſa part
de ſortir à l'inſtant de chez lui & de n'y
remettre les pieds de ma vie. Il aſſai-
ſonna ſa commiſſion de tout ce qui
pouvoit la rendre inſultante & cruelle.
Je partis ſans rien dire, mais le cœur
navré, moins de quitter cette aimable
femme, que de la laiſſer en proie à la
brutalité de ſon mari. Il avoit raiſon,
ſans doute, de ne vouloir pas qu'elle
fût infidelle; mais quoique ſage & bien
née, elle étoit italienne, c'eſt-à-dire,
ſenſible & vindicative, & il avoit tort,

ce me semble, de prendre avec elle les moyens les plus propres à s'attirer le malheur qu'il craignoit.

Tel fut le succès de ma premiere avanture. Je voulus essayer de repasser deux ou trois fois dans la rue, pour revoir au moins celle que mon cœur regrettoit sans cesse : mais au lieu d'elle je ne vis que son mari & le vigilant commis, qui m'ayant apperçu, me fit avec l'aune de la boutique un geste plus expressif qu'attirant. Me voyant si bien guetté, je perdis courage & n'y passai plus. Je voulus aller voir au moins le patron qu'elle m'avoit ménagé. Malheureusement je ne savois pas son nom. Je rôdai plusieurs fois inutilement autour du couvent pour tâcher de le rencontrer. Enfin d'autres événemens m'ôterent les charmans souvenirs de Madame *Basile*, & dans peu je l'oubliai si bien, qu'aussi simple & aussi novice qu'auparavant, je ne restai pas même affriandé de jolies femmes.

Cependant ses libéralités avoient un peu remonté mon petit équipage ; très-modestement toutefois, & avec la précaution d'une femme prudente, qui regardoit plus à la propreté qu'à la parure,

& qui vouloit m'empêcher de souffrir,
& non pas me faire briller. Mon habit
que j'avois apporté de Geneve, étoit
bon & portable encore; elle y ajouta
seulement un chapeau & quelque linge.
Je n'avois point de manchettes; elle ne
voulut point m'en donner, quoique j'en
eusse bonne envie. Elle se contenta de
me mettre en état de me tenir propre, &
c'est un soin qu'il ne fallut pas me re-
commander, tant que je parus devant
elle.

Peu de jours après ma catastrophe,
mon hôtesse qui, comme j'ai dit, m'a-
voit pris en amitié, me dit qu'elle m'a-
voit peut-être trouvé une place, & qu'une
dame de condition vouloit me voir. A
ce mot, je me crus tout de bon dans les
hautes aventures; car j'en revenois tou-
jours-là. Celle-ci ne se trouva pas aussi
brillante que je me l'étois figurée. Je
fus chez cette dame avec le domestique
qui lui avoit parlé de moi. Elle m'interrogea, m'examina; je ne lui déplus pas;
& tout de suite j'entrai à son service,
non pas tout-à-fait en qualité de favori,
mais en qualité de laquais. Je fus vêtu
de la couleur de ses gens : la seule dis-
tinction fut qu'ils portoient l'éguillette,

& qu'on ne me la donna pas : comme il n'y avoit point de galons à la livrée, cela faisoit à-peu-près un habit bourgeois. Voilà le terme inattendu auquel aboutirent enfin toutes mes grandes espérances.

Madame la comtesse de *Vercellis*, chez qui j'entrai, étoit veuve & sans enfans, son mari étoit piémontois ; pour elle, je l'ai toujours crue savoyarde, ne pouvant imaginer qu'une piémontoise parlât si bien françois & eût un accent si pur. Elle étoit entre deux âges, d'une figure fort noble, d'un esprit orné, aimant la littérature françoise, & s'y connoissant. Elle écrivoit beaucoup, & toujours en françois. Ses lettres avoient le tour & presque la grace de celles de Madame de *Sévigné* ; on auroit pu s'y tromper à quelques unes. Mon principal emploi, & qui ne me déplaisoit pas, étoit de les écrire sous sa dictée ; un cancer au sein qui la faisoit beaucoup souffrir, ne lui permettant plus d'écrire elle même.

Madame de *Vercellis* avoit, non-seulement beaucoup d'esprit, mais une ame élevée & forte. J'ai suivi sa derniere maladie, je l'ai vue souffrir & mourir sans

jamais marquer un inftant de foibleffe ,
fans faire le moindre effort pour fe contraindre, fans fortir de fon rôle de femme, & fans fe douter qu'il y eût à cela
de la philofophie ; mot qui n'étoit pas
encore à la mode , & qu'elle ne connoiffoit même pas dans le fens qu'il porte
aujourd'hui. Cette force de caractere alloit quelquefois jufqu'à la féchereffe. Elle
m'a toujours paru auffi peu fenfible pour
autrui que pour elle-même, & quand elle
faifoit du bien aux malheureux, c'étoit
pour faire ce qui étoit bien en foi, plutôt que par une véritable commifération. J'ai un peu éprouvé de cette in-
fenfibilité pendant les trois mois que j'ai
paffés auprès d'elle. Il étoit naturel qu'elle
prît en affection un jeune homme de
quelque efpérance qu'elle avoit inceffamment fous les yeux, & qu'elle fongeât,
fe fentant mourir, qu'après elle il auroit befoin de fecours & d'appui : cependant, foit qu'elle ne me jugeât pas digne
d'une attention particuliere, foit que les
gens qui l'obfédoient ne lui aient permis
de fonger qu'à eux, elle ne fit rien pour
moi.

Je me rappelle pourtant fort bien
qu'elle avoit marqué quelque curiofité

de me connoître. Elle m'interrogeoit
quelquefois ; elle étoit bien aife que je
lui montraffe les lettres que j'écrivois à
Madame de *Warens*, que je lui rendiffe
compte de mes fentimens. Mais elle ne
s'y prenoit affurément pas bien pour les
connoître en ne me montrant jamais les
fiens. Mon cœur aimoit à s'épancher,
pourvu qu'il fentît que c'étoit dans un
autre. Des interrogations feches & froi-
des, fans aucun figne d'approbation ni
de blâme fur mes réponfes, ne me don-
noient aucune confiance. Quand rien ne
m'apprenoit fi mon babil plaifoit ou déplaifoit, j'étois toujours en crainte, &
je cherchois moins à montrer ce que je
penfois qu'à ne rien dire qui pût me
nuire. J'ai remarqué depuis que cette
maniere feche d'interroger les gens pour
les connoître, eft un tic affez commun
chez les femmes qui fe piquent d'efprit.
Elles s'imaginent qu'en ne laiflant point
paroître leur fentiment, elles parvien-
dront à mieux pénétrer le vôtre ; mais
elles ne voyent pas qu'elles ôtent par-là
le courage de le montrer. Un homme
qu'on interroge commence par cela feul
à fe mettre en garde, & s'il croit que,
fans prendre à lui un véritable intérét,

on ne veut que le faire jafer ; il ment, ou fe tait, ou redouble d'attention fur lui-même, & aime encore mieux paffer pour un fot que d'être dupe de votre curiofité. Enfin c'eft toujours un mauvais moyen de lire dans le cœur des autres que d'affecter de cacher le fien.

Madame de *Vercellis* ne m'a jamais dit un mot qui fentît l'affection, la pitié, la bienveillance. Elle m'interrogeoit froidement, je répondois avec réferve. Mes réponfes étoient fi timides qu'elle dut les trouver baffes & s'en ennuya. Sur la fin elle ne me queftionnoit plus, ne me parloit plus que pour fon fervice. Elle me jugea moins fur ce que j'étois, que fur ce qu'elle m'avoit fait, & à force de ne voir en moi qu'un laquais, elle m'empêcha de lui paroître autre chofe.

Je crois que j'éprouvai dès lors ce jeu malin des intérêts cachés qui m'a traverfé toute ma vie, & qui m'a donné une averfion bien naturelle pour l'ordre apparent qui les produit. Madame de *Vercellis* n'ayant point d'enfans, avoit pour héritier fon neveu le comte de la *Roque* qui lui faifoit affiduement fa cour. Outre cela fes principaux domeftiques qui la voyoient tirer à sa fin ne s'oublioient pas, & il y avoit tant d'empreſſés autour d'elle, qu'il étoit difficile qu'elle eût du tems pour penſer à moi. A la tête de ſa maiſon étoit un nommé M. *Lorenzy*, homme adroit, dont la femme encore plus adroite, s'étoit tellement inſinuée dans les bonnes graces de ſa maîtreſſe, qu'elle étoit plutôt chez elle ſur le pied d'une amie que d'une femme à ſes gages. Elle lui avoit donné pour femme de chambre une niece à elle, appellée Mlle. *Pontal*, fine mouche, qui ſe donnoit des airs de demoiſelle ſuivante & aidoit ſa tante à obſéder ſi bien leur maîtreſſe qu'elle ne voyoit que par leurs yeux & n'agiſſoit que par leurs mains. Je n'eus pas le bonheur d'agréer à ces trois perſonnes : je leur obéiſſois, mais je ne les ſervois pas ; je n'imaginois pas qu'outre le ſervice de notre commune maîtreſſe je duſſe être encore le valet de ſes valets. J'étois d'ailleurs une eſpece de perſonnage inquiétant pour eux. Ils voyoient bien que je n'étois pas à ma place ; ils craignoient que madame ne le vît auſſi, & que ce qu'elle feroit pour m'y mettre ne diminuât leurs portions ; car ces ſortes de gens, trop avides pour être juftes, regardent tous les legs qui font pour d'autres comme pris fur leur propre bien. Ils fe réunirent donc pour m'écarter de fes yeux. Elle aimoit à écrire des lettres ; c'étoit un amufement pour elle dans fon état ; ils l'en dégoûterent & l'en firent détourner par le médecin en la perfuadant que cela la fatiguoit. Sous prétexte que je n'entendois pas le fervice, on employoit au lieu de moi deux gros manans de porteurs de chaifes autour d'elle : enfin l'on fit fi bien que quand elle fit fon teftament, il y avoit huit jours que je n'étois entré dans fa chambre. Il eft vrai qu'après cela j'y entrai comme auparavant, & j'y fus même plus affidu que perfonne : car les douleurs de cette pauvre femme me déchiroient, la conftance avec laquelle elle les fouffroit me la rendoit extrêmement refpectable & chere, & j'ai bien verfé dans fa chambre des larmes finceres, fans qu'elle ni perfonne s'en apperçût.

Nous la perdîmes enfin. Je la vis expirer. Sa vie avoit été celle d'une femme d'efprit & de fens ; fa mort fut celle d'un fage. Je puis dire qu'elle me rendit la religion catholique aimable par la férénité d'ame avec laquelle elle en remplit les devoirs, fans négligence & fans affectation. Elle étoit naturellement férieufe. Sur la fin de fa maladie elle prit une forte de gaîté trop égale pour être jouée, & qui n'étoit qu'un contre-poids donné par la raifon même, contre la tristeffe de fon état. Elle ne garda le lit que les deux derniers jours, & ne ceffa de s'entretenir paifiblement avec tout le monde. Enfin ne parlant plus, & déjà dans les combats de l'agonie, elle fit un gros pet. Bon dit-elle en fe retournant, femme qui pette n'eft pas morte. Ce furent les derniers mots qu'elle prononça.

Elle avoit légué un an de leurs gages à fes bas domeftiques; mais n'étant point couché fur l'état de fa maifon je n'eus rien. Cependant le comte de la *Roque* me fit donner trente livres & me laiffa l'habit neuf que j'avois fur le corps, & que M. *Lorenzy* vouloit m'ôter. Il promit même de chercher à me placer & me permit de l'aller voir. J'y fus deux ou trois fois fans pouvoir lui parler. J'étois facile à rebuter, je n'y retournai plus. On verra bientôt que j'eus tort.

Que n'ai-je achevé tout ce que j'avois à dire de mon féjour chez Madame de *Vercellis !* Mais, bien que mon apparente fituation demeurât la même, je ne fortis pas de fa maifon comme j'y étois entré. J'en emportai les longs fouvenirs du crime & l'infupportable poids des remords dont au bout de quarante ans ma confcience eft encore chargée, & dont l'amer fentiment, loin de s'affoiblir, s'irrite à mefure que je vieillis. Qui croiroit que la faute d'un enfant pût avoir des fuites auffi cruelles ? C'eft de ces fuites plus que probables que mon cœur ne fauroit fe confoler. J'ai peut-être fait périr dans l'opprobre & dans la mifere une fille aimable, honnête, eftimable, & qui fûrement valoit beaucoup mieux que moi.

Il eft bien difficile que la diffolution d'un ménage n'entraîne un peu de confufion dans la maifon, & qu'il ne s'égare bien des chofes. Cependant, telle étoit la fidélité des domeftiques, & la vigilance de M. & Madame *Lorenzy,* que rien ne fe trouva de manque fur l'inventaire. La feule Mlle. *Pontal* perdit un petit ruban couleur de rofe & argent déjà vieux. Beaucoup d'autres meilleures chofes étoient à ma portée ; ce ruban feul me tanta , je le volai , & comme je ne le cachois gueres on me le trouva bientôt. On voulut favoir où je l'avois pris. Je me trouble , je balbutie , & enfin je dis en rougiffant, que c'eft *Marion* qui me l'a donné. *Marion* étoit une jeune mauriennoife , dont Madame de *Vercellis* avoit fait fa cuifiniere, quand, ceffant de donner à manger , elle avoit renvoyé la fienne, ayant plus befoin de bons bouillons que de ragoûts fins. Non - feulement *Marion* étoit jolie, mais elle avoit une fraîcheur de coloris qu'on ne trouve que dans les montagnes , & fur-tout un air de modeftie & de douceur qui faifoit qu'on ne pouvoit la voir fans l'aimer. D'ailleurs bonne fille , fage , & d'une fidélité à toute épreuve. C'eft ce qui furprit quand je la nommai. L'on n'avoit gueres moins de confiance en moi qu'en elle , & l'on jugea qu'il importoit de vérifier lequel étoit le fripon des deux. On la fit venir ; l'affemblée étoit nombreufe, le comte de la *Roque* y étoit. Elle arrive, on lui montre le ruban, je la charge effrontément; elle reste interdite, se tait, me jette un regard qui auroit désarmé les démons & auquel mon barbare cœur résiste. Elle nie enfin avec assurance, mais sans emportement, m'apostrophe, m'exhorte à rentrer en moi-même, à ne pas déshonorer une fille innocente qui na m'a jamais fait de mal; & moi avec une impudence infernale je confirme ma déclaration & lui soutiens en face qu'elle m'a donné le ruban. La pauvre fille se mit à pleurer, & ne me dit que ces mots. Ah *Rousseau!* je vous croyois un bon caractere. Vous me rendez bien malheureuse, mais je ne voudrois pas être à votre place. Voilà tout. Elle continua de se défendre avec autant de simplicité que de fermeté, mais sans se permettre jamais contre moi la moindre invective. Cette modération comparée à mon ton décidé lui fit tort. Il ne sembloit pas naturel de supposer d'un côté une audace aussi diabolique, & de l'autre une aussi angélique douceur. On ne parut pas se décider absolument, mais les préjugés étoient pour moi. Dans le tracas où l'on étoit on ne se donna pas le tems d'approfondir la chose, & le comte

de la *Roque* en nous renvoyant tous
deux fe contenta de dire que la confcience du coupable vengeroit affez l'innocent. Sa prédiction n'a pas été vaine;
elle ne ceffe pas un feul jour de s'ac-
complir.

J'ignore ce que devint cette victime
de ma calomnie; mais il n'y a pas d'apparence qu'elle ait après cela trouvé facilement à fe bien placer. Elle emportoit une imputation cruelle à fon honneur de toutes manieres. Le vol n'étoit
qu'une bagatelle, mais enfin c'étoit un
vol, & qui pis eft, employé à féduire
un jeune garçon; enfin le menfonge &
l'obftination ne laiffoient rien à efpérer
de celle en qui tant de vices étoient
réunis. Je ne regarde pas même la mifere & l'abandon comme le plus grand
danger auquel je l'aye expofée. Qui fait,
à fon âge, où le découragement de l'innocence avilie a pu la porter. Eh! fi le
remords d'avoir pu la rendre malheu-
reufe eft infupportable, qu'on juge de
celui d'avoir pu la rendre pire que moi.

Ce fouvenir cruel me trouble quelquefois & me bouleverfe au point de
voir dans mes infomnies cette pauvre
fille venir me reprocher mon crime,

comme s'il n'étoit commis que d'hier. Tant que j'ai vécu tranquille il m'a moins tourmenté, mais au milieu d'une vie orageuse il m'ôte la plus douce consolation des innocens persécutés : il me fait bien sentir ce que je crois avoir dit dans quelque ouvrage, que le remords s'endort durant un destin prospere & s'aigrit dans l'adversité. Cependant je n'ai jamais pu prendre sur moi de décharger mon cœur de cet aveu dans le sein d'un ami. La plus étroite intimité ne me l'a jamais fait faire à personne, pas même Madame de *Warens*. Tout ce que j'ai pu faire a été d'avouer que j'avois à me reprocher une action atroce, mais jamais je n'ai dit en quoi elle consistoit. Ce poids est donc resté jusqu'à ce jour sans allégement sur ma conscience, & je puis dire que le desir de m'en délivrer en quelque sorte a beaucoup contribué à la résolution que j'ai prise d'écrire mes confessions.

J'ai procédé rondement dans celle que je viens de faire, & l'on ne trouvera sûrement pas que j'aye ici pallié la noirceur de mon forfait. Mais je ne remplirois pas le but de ce livre si je n'exposois en même tems mes dispositions in-

térieures, & que je craigniſſe de m'ex-
cuſer en ce qui eſt conforme à la vérité.
Jamais la méchanceté ne fut plus loin
de moi que dans ce cruel moment, &
lorſque je chargai cette malheureuſe fille, il eſt bizarre mais il eſt vrai que mon
amitié pour elle en fut la cauſe. Elle
étoit préſente à ma penſée, je m'excu-
ſai ſur le premier objet qui s'offrit. Je
l'accuſai d'avoir fait ce que je voulois
faire & de m'avoir donné le ruban parce
que mon intention étoit de le lui donner.
Quand je la vis paroître enſuite mon
cœur fut déchiré, mais la préſence de
tant de monde fut plus forte que mon
repentir. Je craignois peu la punition,
je ne craignois que la honte ; mais je la
craignois plus que la mort, plus que le
crime, plus que tout au monde. J'aurois voulu m'enfoncer, m'étouffer dans
le centre de la terre : l'invincible honte
l'emporta ſur tout, la honte ſeule fit
mon impudence, & plus je devenois
criminel, plus l'effroi d'en convenir
me rendoit intrépide. Je ne voyois
que l'horreur d'être reconnu, déclaré
publiquement, moi préſent, voleur,
menteur, calomniateur. Un trouble uni-
verſel m'ôtoit tout autre ſentiment. Si

l'on m'eût laiſſé revenir à moi-même, j'aurois infailliblement tout déclaré. Si M. de la *Roque* m'eût pris à part, qu'il m'eût dit ; ne perdez pas cette pauvre fille. Si vous êtes coupable , avouez-le moi ; je me ſerois jetté à ſes pieds dans l'inſtant ; j'en ſuis parfaitement ſûr. Mais on ne fit que m'intimider quand il falloit me donner du courage. L'âge eſt encore une attention qu'il eſt juſte de faire. A peine étois-je ſorti de l'enfance , ou plutôt j'y étois encore. Dans la jeuneſſe les véritables noirceurs ſont plus criminelles encore que dans l'âge mûr ; mais ce qui n'eſt que foibleſſe l'eſt beaucoup moins , & ma faute au fond n'étoit gueres autre choſe. Auſſi ſon ſouvenir m'afflige-t-il moins à cauſe du mal en lui-même , qu'à cauſe de celui qu'il a dû cauſer. Il m'a même fait ce bien de me garantir pour le reſte de ma vie de tout acte tendant au crime par l'impreſſion terrible qui m'eſt reſtée du ſeul que j'aye jamais commis, & je crois ſentir que mon averſion pour le menſonge me vient en grande partie du regret d'en avoir pu faire un auſſi noir. Si c'eſt un crime qui puiſſe être expié, comme j'oſe le croire , il doit l'être par tant de mal-

heurs dont la fin de ma vie eſt accablée,
par quarante ans de droiture & d'honneur dans des occaſions difficiles, & la
pauvre *Marion* trouve tant de vengeurs
en ce monde, que quelque grande qu'ait
été mon offenſe envers elle, je crains
peu d'en emporter la coulpe avec moi.
Voilà ce que j'avois à dire ſur cet article. Qu'il me ſoit permis de n'en re-
parler jamais.

Fin du Livre ſecond.

LES CONFESSIONS

DE

J. J. ROUSSEAU.

LIVRE TROISIEME.

SORTI de chez Madame de *Vercellis* à-peu-près comme j'y étois entré, je retounai chez mon ancienne hôtesse, & j'y restai cinq ou six semaines, durant lesquelles la santé, la jeunesse & l'oisiveté me rendirent souvent mon tempérament importun. J'étois inquiet, distrait, rêveur ; je pleurois, je soupirois, je desirois un bonheur dont je n'avois pas d'idée, & dont je sentois pourtant la privation. Cet état ne peut se décrire & peu d'hommes même le peuvent imaginer ; parce que la plupart ont prévenu cette plénitude de vie, à la fois tourmentante & délicieuse qui dans l'ivresse du desir donne un avant-goût de la jouissance.

fance. Mon fang allumé rempliffoit inceffamment mon cerveau de filles & de
femmes, mais n'en fentant pas le véritable ufage, je les occupois bizarrement
en idées à mes fantaifies fans en favoir
rien faire de plus ; & ces idées tenoient
mes fens dans une activité très-incom-
modé, dont par bonheur elles ne m'ap-
prenoient point à me délivrer. J'aurois
donné ma vie pour retrouver un quart-
d'heure une demoifelle *Goton*. Mais ce
n'étoit plus le tems ou les jeux de l'enfance alloient là comme d'eux-mêmes.
La honte, compagne de la confcience du
mal, étoit venue avec les années ; elle
avoit accru ma timidité naturelle au
point de la rendre invincible, & jamais
ni dans ce tems-là ni depuis, je n'ai pu
parvenir à faire une propofition lafci-
ve, que celle à qui je la faifois ne m'y
ait en quelque forte contraint par fes
avances, quoique fachant qu'elle n'étoit
pas fcrupuleufe, & prefque affuré d'être
pris au mot.

Mon féjour chez Madame de *Vercellis*
m'avoit procuré quelques connoiffances
que j'entretenois, dans l'efpoir qu'elles
pourroient m'être utiles. J'allois voir
quelquefois entre autres un abbé fa-

voyard appellé M. *Gaime*, précepteur des enfans du comte de *Mellarede*. Il étoit jeune encore, & peu répandu, mais plein de bon sens, de probité, de lumieres & l'un des plus honnêtes hommes que j'aye connus. Il ne me fut d'aucune ressource pour l'objet qui m'attiroit chez lui; il n'avoit pas assez de crédit pour me placer; mais je trouvai près de lui des avantages plus précieux qui m'ont profité toute ma vie; les leçons de la saine morale, & les maximes de la droite raison. Dans l'ordre successif de mes goûts & de mes idées, j'avois toujours été trop haut ou trop bas; *Achille* ou *Thersite*, tantôt héros & tantôt vaurien. M. *Gaime* prit le soin de me mettre à ma place & de me montrer à moi-même sans m'épargner ni me décourager. Il me parla très-honorablement de mon naturel & de mes talens; mais il ajouta qu'il en voyoit naître les obstacles qui m'empêcheroient d'en tirer parti, de sorte qu'ils devoient, selon lui, bien moins me servir de degrés pour monter à la fortune que de ressources pour m'en passer. Il me fit un tableau vrai de la vie humaine dont je n'avois que de fausses idées; il me montra comment dans un destin contraire l'homme fage peut toujours tendre au bonheur, & courir au plus près du vent pour y parvenir, comment il n'y a point de vrai bonheur fans fageſſe, & comment la fageſſe eſt de tous les états. Il amortit beaucoup mon admiration pour la grandeur en me prouvant que ceux qui dominoient les autres, n'étoient ni plus fages ni plus heureux qu'eux. Il me dit une choſe qui m'eſt fouvent revenue à la mémoire, c'eſt que ſi chaque homme pouvoit lire dans les cœurs de tous les autres, il y auroit plus de gens qui voudroient deſcendre que de ceux qui voudroient monter. Cette réflexion dont la vérité frappe, & qui n'a rien d'outré, m'a été d'un grand uſage dans le cours de ma vie pour me faire tenir à ma place paiſiblement. Il me donna les premieres vraies idées de l'honnéte, que mon génie ampoulé n'avoit faiſi que dans ſes excès. Il me fit fentir que l'enthouſiaſme des vertus ſublimes étoit peu d'uſage dans la fociété, qu'en s'élançant trop haut, on étoit ſujet aux chûtes, que la continuité des petits devoirs toujours bien remplis ne demandoit pas moins de force que les actions héroï-ques, qu'on en tiroit meilleur parti pour

H ij

l'honneur & pour le bonheur, & qu'il valoit infiniment mieux avoir toujours l'eftime des hommes, que quelquefois leur admiration.

Pour établir les devoirs de l'homme il falloit bien remonter à leurs principes. D'ailleurs le pas que je venois de faire, & dont mon état préfent étoit la fuite, nous conduifoit à parler de religion. L'on conçoit déjà que l'honnête M. *Gaime* eft, du moins en grande partie, l'original du Vicaire Savoyard. Seulement la prudence l'obligeant à parler avec plus de réferve, il s'expliqua moins ouvertement fur certains points; mais au refte fes maximes, fes fentimens, fes avis furent les mêmes, & jufqu'au confeil de retourner dans ma patrie, tout fut comme je l'ai rendu depuis au public. Ainfi fans m'étendre fur des entretiens dont chacun peut voir la fubftance, je dirai que fes leçons fages, mais d'abord fans effet, furent dans mon cœur un germe de vertu & de religion qui ne s'y étouffa jamais, & qui n'attendoit pour fructifier que les foins d'une main plus chérie.

Quoiqu'alors ma converfion fût peu folide, je ne laiffois pas d'être ému. Loin de m'ennuyer de fes entretiens, j'y pris goût à caufe de leur clarté, de leur fimplicité, & fur-tout d'un certain intérêt de cœur dont je fentois qu'ils étoient pleins. J'ai l'ame aimante, & je me fuis toujours attaché aux gens, moins à proportion du bien qu'ils m'ont fait que de celui qu'ils m'ont voulu, & c'eft fur quoi mon tact ne me trompe gueres. Auffi je m'affectionnois véritablement à M. *Gaime*, j'étois pour ainfi dire fon fecond difciple, & cela me fit pour le moment même l'ineftimable bien de me détourner de la pente au vice, où m'entraînoit mon oifiveté.

Un jour que je ne penfois à rien moins, on vient me chercher de la part du comte de la *Roque*. A force d'y aller & de ne pouvoir lui parler, je m'étois ennuyé, je n'y allois plus : je crus qu'il m'avoit oublié, ou qu'il lui étoit refté de mauvaifes impreffions de moi. Je me trompois. Il avoit été témoin plus d'une fois du plaifir avec lequel je rempliffois mon devoir auprès de fa tante, il le lui avoit même dit, & il m'en reparla quand moi même je n'y fongeois plus. Il me reçut bien, me dit que fans m'amufer de promeffes vagues, il avoit cherché à me placer, qu'il avoit réuffi, qu'il me mettoit en chemin de devenir quelque chofe, que c'étoit à moi de faire le refte ; que la maifon où il me faifoit entrer, étoit puiflante & confidérée, que je n'avois pas befoin d'autres protecteurs pour m'avancer, & que, quoique traité d'abord en fimple domeftique, comme je venois de l'être, je pouvois être affuré que fi l'on me jugeoit par mes fentimens & par ma conduite au-deffus de cet état, on étoit difpofé à ne m'y pas laiffer. La fin de ce difcours démentit cruellement les brillantes efpérances que le commencement m'avoit données. Quoi! toujours laquais? me dis-je en moi-même avec un dépit amer que la confiance effaça bientôt. Je me fentois trop peu fait pour cette place pour craindre qu'on m'y laiffât.

Il me mena chez le comte de *Gouvon*, premier écuyer de la reine & chef de l'illuftre maifon de *Solar*. L'air de dignité de ce refpectable vieillard me rendit plus touchante l'affabilité de fon accueil. Il m'interrogea avec intérêt, & je lui répondis avec fincérité. Il dit au comte de la *Roque* que j'avois une phyfionomie agréable & qui promettoit de l'efprit, qu'il lui paroiffoit qu'en effet je n'en manquois pas, mais que ce n'étoit

pas là tout, & qu’il falloit voir le reſte.
Puis ſe tournant vers moi; mon enfant,
me dit-il, preſque en toutes choſes les
commencemens ſont rudes; les vôtres
ne le ſeront pourtant pas beaucoup. Soyez
ſage, & cherchez à plaire ici à tout le
monde; voilà quant à préſent votre unique emploi. Du reſte, ayez bon courage; on veut prendre ſoin de vous.
Tout de ſuite il paſſa chez la Mar-
quiſe de *Breil* ſa belle fille, & me pré-
ſenta à elle, puis à l’Abbé de *Gouvon*
ſon fils. Ce début me parut de bon augure. J’en ſavois aſſez déja pour juger
qu’on ne fait pas tant de façon à la ré-
ception d’un laquais. En effet on ne me
traita point comme tel. J’eus la table
de l’Office; on ne me donna point d’habit de livrée, & le comte de *Favria*,
jeune étourdi, m’ayant voulu faire monter derriere ſon carroſſe, ſon grand-pere
défendit que je montaſſe derriere aucun
carroſſe, & que je ſuiviſſe perſonne hors
de la maiſon. Cependant je ſervois à table, & je faiſois à-peu-près au dedans
le ſervice d’un laquais; mais je le faiſois
en quelque façon librement, ſans être
attaché nommément à perſonne. Hors
quelques lettres qu’on me dictoit, &

des images que le comte de *Favria* me
faisoit découper, j'étois presque le maître de tout mon tems dans la journée.
Cette épreuve dont je ne m'appercevois
pas étoit assurément très-dangereuse; elle
n'étoit pas même fort humaine; car cette
grande oisiveté pouvoit me faire contracter des vices que je n'aurois pas eus
sans cela.

Mais c'est ce qui très-heureusement
n'arriva point. Les leçons de M. *Gaime*
avoient fait impression sur mon cœur,
& j'y pris tant de goût que je m'échap-
pois quelquefois pour aller les entendre encore. Je crois que ceux qui me
voyoient sortir ainsi furtivement, ne de-
vinoient gueres où j'allois. Il ne se peut
rien de plus sensé que les avis qu'il me
donna sur ma conduite. Mes commencemens furent admirables; j'étois d'une
assiduité, d'une attention, d'un zele qui
charmoient tout le monde. L'abbé *Gaime*
m'avoit sagement averti de modérer cette
premiere ferveur, de peur qu'elle ne vînt
à se relâcher & qu'on n'y prît garde.
Votre début, me dit-il, est la regle de
ce qu'on exigera de vous: tâchez de vous
ménager de quoi faire plus dans la suite,
mais gardez-vous de faire jamais moins.

Comme on ne m'avoit gueres exa-
miné fur mes petits talens & qu'on ne
me fuppofoit que ceux que m'avoit
donné la nature, il ne paroiſſoit pas,
malgré ce que le Comte de *Gouvon*
m'avoit pu dire, qu'on fongeât à tirer
parti de moi. Des affaires vinrent à la
traverfe, & je fus à-peu-près oublié.
Le Marquis de *Breil*, fils du Comte de
Gouvon, étoit alors Ambaſſadeur à
Vienne. Il furvint des mouvemens à la
Cour, qui fe firent fentir dans la famille, & l'on y fut quelques femaines
dans une agitation qui ne laiſſoit gueres
le tems de penfer à moi. Cependant
jufques-là je m'étois peu relâché. Une
chofe me fit du bien & du mal, en
m'éloignant de toute diſſipation exté-
rieure, mais en me rendant un peu plus
diftrait fur mes devoirs.

Mademoiſelle de *Breil* étoit une jeune
perfonne à-peu-près de mon âge, bien
faite, aſſez belle, très-blanche, avec
des cheveux très-noirs, &, quoique
brune, portant fur fon vifage cet air
de douceur des blondes auquel mon
cœur n'a jamais réfifté. L'habit de Cour,
fi favorable aux jeunes perfonnes, marquoit fa jolie taille, dégageoit fa poi-

trine & ſes épaules, & rendoit ſon teint encore plus éblouiſſant par le deuil qu'on portoit alors. On dira que ce n'eſt pas à un domeſtique de s'appercevoir de ces choſes là ; j'avois tort, ſans doute , mais je m'en appercevois toutefois, & même je n'étois pas le ſeul. Le maître d'hôtel & les valets-de-chambre en parloient quelquefois à table avec une groſſiéreté qui me faiſoit cruellement ſouffrir. La tete ne me tournoit pourtant pas au point d'être amoureux tout de bon. Je ne m'oubliois point ; je me tenois à ma place , & mes deſirs même ne s'émancipoient pas. J'aimois à voir Mademoiſelle de *Breil*, à lui entendre dire quelques mots qui marquoient de l'eſprit, du ſens, de l'honnêteté ; mon ambition bornée au plaiſir de la ſervir n'alloit point au-delà de mes droits. A table j'étois attentif à chercher l'occaſion de les faire valoir. Si ſon laquais quittoit un moment ſa chaiſe , à l'inſtant on m'y voyoit établi : hors de là je me tenois vis-à vis d'elle ; je cherchois dans ſes yeux ce qu'elle alloit demander , j'épiois le moment de changer ſon aſſiette. Que n'aurois-je point fait pour qu'elle daignât m'ordon-

ner quelque chofe, me regarder, me
dire un feul mot ; mais point ; j'avois
la mortification d'être nul pour elle ;
elle ne s'appercevoit pas même que j'é-
tois là. Cependant fon frere qui m'adref-
foit quelquefois la parole à table, m'ayant
dit je ne fais quoi de peu obligeant,
je lui fis une réponfe fi fine & fi bien
tournée qu'elle y fit attention & jetta
les yeux fur moi. Ce coup-d'œil qui
fut court ne laiffa pas de me tranfporter.
Le lendemain l'occafion fe préfenta d'en
obtenir un fecond & j'en profitai. On
donnoit ce jour-là un grand dîné, où
pour la premiere fois je vis avec beaucoup d'étonnement le maître-d'hôtel fervir l'épée au côté & le chapeau fur la
tête. Par hafard on vint à parler de la
devife de la maifon de *Solar* qui étoit
fur la tapifferie avec les armoiries. *Tel
fiert qui ne tue pas.* Comme les piémontois ne font pas pour l'ordinaire
confommés dans la langue françoife,
quelqu'un trouva dans cette devife une
faute d'orthographe, & dit qu'au mot
fiert il ne falloit point de *t.*

Le vieux comte de *Gouvon* alloit
répondre, mais ayant jetté les yeux fur
moi, il vit que je fouriois fans ofer rien

dire : il m'ordonna de parler. Alors je dis que je ne croyois pas que le *t* fût de trop; que *fiert* étoit un vieux mot françois qui ne venoit pas du nom *ferus* fier, menaçant ; mais du verbe *ferit* il frappe, il blesse. Qu'ainsi la devise ne me paroissoit pas dire, tel menace, mais *tel frappe qui ne tue pas.*

Tout le monde me regardoit & se regardoit sans rien dire. On ne vit de la vie un pareil étonnement. Mais ce qui me flatta davantage fut de voir clairement sur le visage de Mademoiselle de *Breil* un air de satisfaction. Cette personne si dédaigneuse daigna me jetter un second regard qui valoit tout au moins le premier ; puis tournant les yeux vers son grand papa, elle sembloit attendre avec une sorte d'impatience la louange qu'il me devoit, & qu'il me donna en effet si pleine & entiere, & d'un air si content que toute la table s'empressa de faire chorus. Ce moment fut court, mais délicieux à tous égards. Ce fut un de ces momens trop rares qui replacent les choses dans leur ordre naturel & vengent le mérite avili des outrages de la fortune. Quelques minutes après, Mademoiselle de *Breil* levant derechef les yeux fur moi me pria d'un ton de voix auffi timide qu'affable de lui donner à boire. On juge que je ne la fis pas attendre. Mais en approchant je fus faifi d'un tel tremblement qu'ayant trop rempli le verre je répandis une partie de l'eau fur l'affiette & même fur elle. Son frere me demanda étourdiment pourquoi je tremblois fi fort. Cette queftion ne fervit pas à me raffurer, & Mademoifelle de *Breil* rougit jufqu'au blanc des yeux.

Ici finit le roman ; où l'on remarquera, comme avec Madame *Bafile* & dans toute la fuite de ma vie que je ne fuis pas heureux dans la conclufion de mes amours. Je m'affectionnai inutilement à l'antichambre de Madame de *Breil*; je n'obtins plus une feule marque d'attention de la part de fa fille. Elle fortoit & entroit fans me regarder, & moi j'ofois à peine jetter les yeux fur elle. J'étois même fi bête & fi maladroit qu'un jour qu'elle avoit en paffant laiffé tomber fon gant ; au lieu de m'élancer fur ce gant que j'aurois voulu couvrir de baifers, je n'ofai fortir de ma place, & je laiffai ramaffer le gant par un gros butor de valet que j'aurois

volontiers écrafé. Pour achever de m'intimider, je m'apperçus que je n'avois
pas le bonheur d'agréer à Madame de
Breil. Non-feulement elle ne m'ordon-
noit rien, mais elle n'acceptoit jamais
mon fervice, & deux fois me trouvant dans fon antichambre elle me demanda d'un ton fort fec fi je n'avois
rien à faire? Il fallut renoncer à cette
chere antichambre : j'en eus d'abord
du regret; mais les diftractions vinrent à la traverfe, & bientôt je n'y
penfai plus.

J'eus de quoi me confoler du dédain
de Madame de *Breil* par les bontés de
fon beau-pere, qui s'apperçut enfin que
j'étois là. Le foir du diné dont j'ai
parlé, il eut avec moi un entretien d'une
demi heure, dont il parut content &
dont je fus enchanté. Ce bon vieillard,
quoiqu'homme d'efprit, en avoit moins
que Madame de *Vercellis*, mais il avoit
plus d'entrailles, & je réuffis mieux auprès de lui. Il me dit de m'attacher à
l'abbé de *Gouvon* fon fils, qui m'avoit
pris en affection, que cette affection fi
j'en profitois pouvoit m'être utile, &
me faire acquérir ce qui me manquoit
pour les vues qu'on avoit fur moi. Dès

le lendemain matin je volai chez M. l’abbé. Il ne me reçut point en domeſtique ; il me fit aſſeoir au coin de ſon feu , & m’interrogeant avec la plus grande douceur, il vit bientôt que mon éducation , commencée ſur tant de choſes, n’étoit achevée ſur aucune. Trouvant ſur-tout que j’avois peu de latin , il entreprit de m’en enſeigner davantage. Nous convînmes que je me rendrois chez lui tous les matins, & je commençai dès le lendemain. Ainſi par une de ces bizarreries qu’on trouvera ſouvent dans le cours de ma vie , en même tems au-deſſus & au-deſſous de mon état , j’étois diſciple & valet dans la même maiſon, & dans ma ſervitude j’avois cependant un précepteur d’une naiſſance à ne l’être que des enfans des Rois.

M. l’abbé de *Gouvon* étoit un cadet deſtiné par ſa famille à l’épiſcopat, & dont par cette raiſon l’on avoit pouſſé les études, plus qu’il n’eſt ordinaire aux enfans de qualité. On l’avoit envoyé à l’univerſité de Sienne, où il avoit reſté pluſieurs années, & dont il avoit rapporté une aſſez forte doſe de cruſcantiſme, pour être à-peu-près à Turin ce

qu'étoit jadis à Paris l'abbé de *Dangeau.*
Le dégoût de la théologie l'avoit jetté
dans les belles - lettres, ce qui eft très-
ordinaire en Italie à ceux qui courent la
carriere de la prélature. Il avoit bien lu
les poëtes; il faifoit paffablement des
vers latins & italiens. En un mot, il
avoit le goût qu'il falloit pour former le
mien , & mettre quelque choix dans le
fatras dont je m'étois farci la tête. Mais
foit que mon babil lui eût fait quelque
illufion fur mon favoir, foit qu'il ne pût
fupporter l'ennui du latin élémentaire,
il me mit d'abord beaucoup trop haut,
& à peine m'eût-il fait traduire quelques
fables de Phedre qu'il me jetta dans Vir-
gile où je n'entendois prefque rien. J'é-
tois deftiné, comme on verra dans la fuite,
à rapprendre fouvent le latin , & à ne
le favoir jamais. Cependant je travaillois avec affez de zele, & M. l'abbé me
prodiguoit fes foins avec une bonté dont
le fouvenir m'attendrit encore. Je paffois
avec lui une bonne partie de la mati-
née , tant pour mon inftruction que
pour fon fervice : non pour celui de fa
perfonne, car il ne fouffrit jamais que
je lui en rendiffe aucun, mais pour écrire fous fa dictée & pour copier , & ma

fonction de fecrétaire me fut plus utile que celle d'écolier. Non-feulement j'appris ainfi l'Italien dans fa pureté, mais je pris du goût pour la littérature, & quelque difcernement des bons livres qui ne s'acquéroient pas chez *la Tribu*, & qui me fervit beaucoup dans la fuite, quand je me mis à travailler feul.

Ce tems fut celui de ma vie où fans projets romanefques, je pouvois le plus raifonnablement me livrer à l'efpoir de parvenir. M. l'abbé, très-content de moi, le difoit à tout le monde, & fon pere m'avoit pris dans une affection fi finguliere, que le Comte de *Favria* m'apprit qu'il avoit parlé de moi au Roi. Madame de *Breil* elle-même avoit quitté pour moi fon air méprifant. Enfin je devins une efpece de favori dans la maifon, à la grande jaloufie des autres domeftiques, qui, me voyant honoré des inftructions du fils de leur maître, fentoient bien que ce n'étoit pas pour refter long-tems leur égal.

Autant que j'ai pu juger des vues qu'on avoit fur moi par quelques mots lâchés à la volée, & auxquels je n'ai réfléchi qu'après coup, il m'a paru que la maifon de Solar voulant courir la car-

riere des ambassades, & peut-être s'ouvrir de loin celle du ministere, auroit
été bien aise de se former d'avance un sujet qui eût du mérite & des talens, &
qui dépendant uniquement d'elle, eût
pu dans la suite obtenir sa confiance &
la servir utilement. Ce projet du Comte
de *Gouvon* étoit noble, judicieux, ma-
gnanime, & vraiment digne d'un grand
seigneur bienfaisant & prévoyant : mais
outre que je n'en voyois pas alors toute
l'étendue, il étoit trop sensé pour ma
tête, & demandoit un trop long assujet-
tissement. Ma folle ambition ne cher-
choit la fortune qu'à travers les avantures ; & ne voyant point de femme à
tout cela, cette maniere de parvenir me
paroissoit lente, pénible & triste ; tandis que j'aurois dû la trouver d'autant
plus honorable & sûre que les femmes
ne s'en mêloient pas ; l'espece de mérite qu'elles protégent ne valant assurément pas celui qu'on me supposoit.

Tout alloit à merveilles. J'avois ob-
tenu, presque arraché l'estime de tout
le monde, les épreuves étoient finies, &
l'on me regardoit généralement dans la
maison comme un jeune homme de la
plus grande espérance, qui n'étoit pas à

fa place, & qu'on s'attendoit d'y voir
arriver. Mais ma place n'étoit pas celle
qui m'étoit affignée par les hommes, &
j'y devois parvenir par des chemins bien
différens. Je touche à un de ces traits
caractériftiques qui me font propres, &
qu'il fuffit de préfenter au lecteur, fans
y ajouter de réflexion.

Quoiqu'il y eût à Turin beaucoup de
nouveaux convertis de mon efpece, je
ne les aimois pas, & n'en avois jamais
voulu voir aucun. Mais j'avois vu quelques Genevois qui ne l'étoient pas ; entr'autres un M. *Muffard*, furnommé tord-
gueule, peintre en miniature & un peu
mon parent. Ce M. *Muffard* déterra
ma demeure chez le Comte de *Gouvon*,
& vint m'y voir avec un autre Genevois appellé *Bâcle*, dont j'avois été camarade durant mon apprentiffage. Ce
Bâcle étoit un garçon très - amufant,
très-gai, plein de faillies bouffonnes ,
que fon âge rendoit agréables. Me voilà
tout d'un coup engoué de M. *Bâcle* ,
mais engoué au point de ne pouvoir le
quitter. Il alloit partir bientôt pour s'en
retourner à Geneve. Quelle perte j'allois
faire ! J'en fentis bien toute la grandeur.
Pour mettre du moins à profit le tems

qui m'étoit laissé, je ne le quittois plus, ou plutôt il ne me quittoit pas lui-même, car la tête ne me tourna pas d'abord au point d'aller hors de l'hôtel passer la journée avec lui sans congé : mais bientôt voyant qu'il m'obsédoit entiérement on lui défendit la porte, & je m'échauffai si bien, qu'oubliant tout, hors mon ami *Bâcle*, je n'allois ni chez M. l'abbé ni chez M. le Comte, & l'on ne me voyoit plus dans la maison. On me fit des réprimandes que je n'écoutai pas. On me menaça de me congédier. Cette menace fut ma perte; elle me fit entrevoir qu'il étoit possible que *Bâcle* ne s'en allât pas seul. Dès-lors je ne vis plus d'autre plaisir, d'autre sort, d'autre bonheur que celui de faire un pareil voyage, & je ne voyois à cela que l'ineffable félicité du voyage, au bout duquel, pour surcroît, j'entrevoyois Madame de *Warens*, mais dans un éloignement immense ; car pour retourner à Geneve, c'est à quoi je ne pensois jamais. Les monts, les prés, les bois, les ruisseaux, les villages, se succédoient sans fin & sans cesse avec de nouveaux charmes; ce bienheureux trajet sembloit devoir absorber ma vie entiere. Je me rappellois avec délices combien ce même voyage m'avoit paru charmant en venant. Que devoit-ce être lorsqu'à tout l'attrait de l'indépendance se joindroit celui de faire route avec un camarade de mon âge, de mon goût & de bonne humeur, sans gêne, sans devoir, sans contrainte, sans obligation d'aller ou rester que comme il nous plairait? Il falloit être fou pour sacrifier une pareille fortune à des projets d'ambition d'une exécution lente, difficile, incertaine, & qui, les supposant réalisés un jour, ne valoient pas dans tout leur éclat un quart d'heure de vrai plaisir & de liberté dans la jeunesse.

Plein de cette sage fantaisie, je me conduisis si bien que je vins à bout de me faire chasser, & en vérité ce ne fut pas sans peine. Un soir comme je rentrois, le maître-d'hôtel me signifia mon congé de la part de M. le Comte. C'étoit précisément ce que je demandois ; car sentant malgré moi l'extravagance de ma conduite, j'y ajoutois pour m'excuser l'injustice & l'ingratitude, croyant mettre ainsi les gens dans leur tort, & me justifier à moi-même un parti pris par nécessité. On me dit de la part du

Comte *Favria* d'aller lui parler le lendemain matin avant mon départ, & comme on voyoit que la tête m'ayant tourné j'étois capable de n'en rien faire, le maître-d'hôtel remit après cette visite à me donner quelque argent qu'on m'avoit destiné, & qu'assurément j'avois fort mal gagné : car, ne voulant pas me laisser dans l'état de valet, on ne m'avoit pas fixé de gages.

Le Comte de *Favria*, tout jeune & tout étourdi qu'il étoit, me tint en cette occasion les discours les plus sensés, & j'oserois presque dire les plus tendres ; tant il m'exposa d'une maniere flatteuse & touchante les soins de son oncle & les intentions de son grand-pere. Enfin, après m'avoir mis vivement devant les yeux tout ce que je sacrifiois pour courir à ma perte, il m'offrit de faire ma paix, exigeant pour toute condition que je ne visse plus ce petit malheureux qui m'avoit séduit.

Il étoit si clair qu'il ne disoit pas tout cela de lui-même, que malgré mon stupide aveuglement je sentis toute la bonté de mon vieux maître & j'en fus touché ; mais ce cher voyage étoit trop empreint dans mon imagination pour que rien pût en balancer le charme. J'étois tout-à-fait

hors de fens, je me raffermis, je m'en-
durcis, je fis le fier, & je répondis arro-
gamment que puifqu'on m'avoit donné
mon congé, je l'avois pris, qu'il n'étoit
plus tems de s'en dédire, & que, quoiqu'il pût m'arriver en ma vie, j'étois bien
réfolu de ne jamais me faire chaffer deux
fois d'une maifon. Alors ce jeune homme juftement irrité, me donna les noms
que je méritois, me mit hors de fa chambre par les épaules, & me ferma la porte
aux talons. Moi, je fortis triomphant
comme fi je venois d'emporter la plus
grande victoire, & de peur d'avoir un
fecond combat à foutenir, j'eus l'indi-
gnité de partir, fans aller remercier M.
l'abbé de fes bontés.

Pour concevoir jufqu'où mon délire
alloit dans ce moment, il faudroit connoître à quel point mon cœur eft fujet à
s'échauffer fur les moindres chofes &
avec quelle force il fe plonge dans l'imagination de l'objet qui l'attire, quelque
vain que foit quelquefois cet objet. Les
plans les plus bifarres, les plus enfantins,
les plus foux, viennent careffer mon
idée favorite & me montrer de la vrai-
femblance à m'y livrer. Croiroit-on
qu'à près de dix-neuf ans on puiffe fon-

der fur une phiole vide la fubfiftance du refte de fes jours ? Or écoutez.

L'abbé de *Gouvon* m'avoit fait préfent, il y avoit quelques femaines, d'une petite fontaine de heron fort jolie, & dont j'étois tranfporté. A force de faire jouer cette fontaine & de parler de notre voyage, nous penfâmes, le fage *Bâcle* & moi, que l'une pourroit bien fervir à l'autre & le prolonger. Qu'y avoit-il dans le monde d'aufli curieux qu'une fontaine de héron? Ce principe fut le fondement fur lequel nous bâtimes l'édifice de notre fortune. Nous devions dans chaque village affembler les payfans autour de notre fontaine, & là les repas & la bonne chere devoient nous tomber avec d'autant plus d'abondance que nous étions perfuadés l'un & l'autre que les vivres ne coûtent rien à ceux qui les recueillent, & que quand ils n'en gorgent pas les paffans, c'eft pure mauvaife volonté de leur part. Nous n'imaginions par-tout que feftins & noces, comptant que fans rien débourfer que le vent de nos poumons & l'eau de notre fontaine, elle pouvoit nous défrayer en Piémont, en Savoye, en France & par tout le monde. Nous faifions des projets

jets

jets de voyage qui ne finissoient point, & nous dirigions d'abord notre course au nord, plutôt pour le plaisir de passer les alpes, que pour la nécessité supposée de nous arrêter enfin quelque part.

Tel fut le plan sur lequel je me mis en campagne, abandonnant sans regret mon protecteur, mon précepteur, mes études, mes espérances & l'attente d'une fortune presque assurée, pour commencer la vie d'un vrai vagabond. Adieu la capitale, adieu la Cour, l'ambition, la vanité, l'amour, les belles & toutes les grandes avantures dont l'espoir m'avoit amené l'année précédente. Je pars avec ma fontaine & mon ami *Bâcle*, la bourse légerement garnie, mais le cœur saturé de joie & ne songeant qu'à jouir de cette ambulante félicité à laquelle j'avois tout-à-coup borné mes brillans projets.

Je fis cet extravagant voyage presque aussi agréablement toutefois que je m'y étois attendu, mais non pas tout-à-fait de la même maniere ; car bien que notre fontaine amusât quelques momens dans les cabarets les hôtesses & leurs servantes, il n'en falloit pas moins payer en sortant. Mais cela ne nous troubloit gueres & nous ne songions à tirer

parti tout de bon de cette reſſource que
quand l'argent viendroit à nous manquer.
Un accident nous en évita la peine ; la
fontaine ſe caſſa près de Bramant, & il
en étoit tems ; car nous ſentions, ſans
oſer nous le dire, qu'elle commençoit à
nous ennuyer. Ce malheur nous rendit
plus gais qu'auparavant, & nous rîmes
beaucoup de notre étourderie, d'avoir
oublié que nos habits & nos ſouliers s'u-
ſeroient, ou d'avoir cru les renouveller
avec le jeu de notre fontaine. Nous continuâmes notre voyage auſſi allégrement
que nous l'avions commencé, mais fi-
lant un peu plus droit vers le terme,
où notre bourſe tariſſante nous faiſoit
une néceſſité d'arriver.

A Chambéri je devins penſif, non
ſur la ſottiſe que je venois de faire : jamais homme ne prit ſi-tôt ni ſi bien ſon
parti ſur le paſſé ; mais ſur l'accueil qui
m'attendoit chez Madame de *Warens* ;
car j'enviſageois exactement ſa maiſon
comme ma maiſon paternelle. Je lui
avois écrit mon entrée chez le Comte
de *Gouvon* ; elle ſavoit ſur quel pied j'y
étois, & en m'en félicitant elle m'avoit
donné des leçons très-ſages ſur la maniere dont je devois correſpondre aux

bontés qu'on avoit pour moi. Elle regardoit ma fortune comme aſſurée ſi je ne la détruiſois pas par ma faute. Qu'alloit-elle dire en me voyant arriver ? Il ne me vint pas même à l'eſprit qu'elle pût me fermer ſa porte ; mais je craignois le chagrin que j'allois lui donner ; je craignois ſes reproches plus durs pour moi que la miſere. Je réſolus de tout endurer en ſilence, & de tout faire pour l'appaiſer. Je ne voyois plus dans l'univers qu'elle ſeule : vivre dans ſa diſgrace étoit une choſe qui ne ſe pouvoit pas.

Ce qui m'inquiétoit le plus étoit mon compagnon de voyage dont je ne voulois pas lui donner le ſurcroît, & dont je cragnois de ne pouvoir me débarraſſer aiſément. Je préparai cette ſéparation en vivant aſſez froidement avec lui la derniere journée. Le drôle me comprit ; il étoit plus fou que ſot. Je crus qu'il s'affecteroit de mon inconſtance ; j'eus tort, mon ami *Bâcle* ne s'affectoit de rien. A peine en entrant à Annecy avions-nous mis le pied dans la ville, qu'il me dit ; te voilà chez toi, m'embraſſa, me dit adieu, fit une pirouette, & diſparut. Je n'ai jamais plus

entendu parler de lui. Notre connoiſſance & notre amitié durerent en tout
environ ſix ſemaines, mais les ſuites en
dureront autant que moi.

Que le cœur me battit en approchant
de la maiſon de Madame de *Warens* !
mes jambes trembloient ſous moi, mes
yeux ſe couvroient d'un voile, je ne
voyois rien, je n'entendois rien, je
n'aurois reconnu perſonne ; je fus contraint de m'arrêter pluſieurs fois pour
reſpirer & reprendre mes ſens. Etoit-ce
la crainte de ne pas obtenir les ſecours
dont j'avois beſoin qui me troubloit à
ce point ? A l'âge où j'étois, la peur
de mourir de faim donne-t-elle de pareilles alarmes ? Non, non, je le dis
avec autant de vérité que de fierté ; jamais en aucun tems de ma vie il n'ap-
partint à l'intérêt ni à l'indigence de m'é-
panouir ou de me ſerrer le cœur. Dans
le cours d'une vie inégale & mémora-
ble par ſes viciſſitudes, ſouvent ſans aſyle
& ſans pain, j'ai toujours vu du même œil
l'opulence & la miſere. Au beſoin j'aurois
pu mendier ou voler comme un autre,
mais non pas me troubler pour en être
réduit-là. Peu d'hommes ont autant gémi
que moi, peu ont autant verſé de pleurs

dans leur vie, mais jamais la pauvreté
ni la crainte d'y tomber ne m'ont fait
pouffer un foupir ni répandre une larme.
Mon ame à l'épreuve de la fortune n'a
connu de vrais biens ni de vrais maux
que ceux qui ne dépendent pas d'elle,
& c'eft quand rien ne m'a manqué pour
le néceffaire que je me fuis fenti le plus
malheureux des mortels.

A peine parus-je aux yeux de Madame de *Warens* que fon air me raf-
fura. Je treffaillis au premier fon de
fa voix, je me précipite à fes pieds,
& dans les tranfports de la plus vive
joie je colle ma bouche fur fa main.
Pour elle, j'ignore fi elle avoit fu de
mes nouvelles, mais je vis peu de furprife fur fon vifage, & je n'y vis aucun chagrin. Pauvre petit, me dit-elle
d'un ton careffant, te revoilà donc ?
Je favois bien que tu étois trop jeune
pour ce voyage ; je fuis bien aife au
moins qu'il n'ait pas auffi mal tourné que
j'avois craint. Enfuite elle me fit compter mon hiftoire, qui ne fut pas longue, & que je lui fis très fidellement,
en fupprimant cependant quelques ar-
ticles ; mais au refte fans m'épargner ni
m'excufer.

Il fut queſtion de mon gîte. Elle conſulta ſa femme de chambre. Je n'oſois reſpirer durant cette délibération, mais quand j'entendis que je coucherois dans la maiſon j'eus peine à me contenir, & je vis porter mon petit paquet dans la chambre qui m'étoit deſtinée, à-peu-près comme *St. Preux* vit remiſer ſa chaiſe chez Madame de *Wolmar*. J'eus pour ſurcroît le plaiſir d'apprendre que cette faveur ne ſeroit point paſſagere, & dans un moment où l'on me croyoit attentif à toute autre choſe, j'entendis qu'elle diſoit : on dira ce qu'on voudra, mais puiſque la providence me le renvoye, je ſuis déterminée à ne pas l'abandonner.

Me voilà donc enfin établi chez elle. Cet établiſſement ne fut pourtant pas encore celui dont je date les jours heureux de ma vie, mais il ſervit à le préparer. Quoique cette ſenſibilité de cœur qui nous fait vraiment jouir de nous ſoit l'ouvrage de la nature & peut-être un produit de l'organiſation, elle a beſoin de ſituations qui la développent. Sans ces cauſes occaſionnelles, un homme né très-ſenſible ne ſentiroit rien, & mourroit ſans avoir connu ſon être. Tel à-peu-près j'avois été jusqu'alors, & tel j'aurois toujours été peut-être, fi je n'avois jamais connu Madame de *Wa-rens*, ou fi même l'ayant connue, je n'avois pas vécu affez long-tems auprès d'elle pour contracter la douce habitude des fentimens affectueux qu'elle m'infpira. J'oferai le dire ; qui ne fent que l'amour ne fent pas ce qu'il y a de plus doux dans la vie. Je connois un autre fentiment, moins impétueux peut-être, mais plus délicieux mille fois, qui quelquefois eft joint à l'amour & qui fouvent en eft féparé. Ce fentiment n'eft pas non plus l'amitié feule ; il eft plus voluptueux, plus tendre ; je n'imagine pas qu'il puiffe agir pour quelqu'un du même fexe ; du moins je fus ami fi jamais homme le fut, & je ne l'éprouvai jamais près d'aucun de mes amis. Ceci n'eft pas clair, mais il le deviendra dans la fuite ; les fentimens ne fe décrivent bien que par leurs effets.

Elle habitoit une vieille maifon, mais affez grande pour avoir une belle piece de réferve dont elle fit fa chambre de parade, & qui fut celle où l'on me logea. Cette chambre étoit fur le paffage dont j'ai parlé où fe fit notre premiere entrevue, & au-delà du ruisseau & des jardins on découvroit la campagne. Cet aspect n'étoit pas pour le jeune habitant une chose indifférente. C'étoit depuis Bossey, la premiere fois que j'avois du verd devant mes fenêtres. Toujours masqué par des murs, je n'avois eu sous les yeux que des toits & le gris des rues. Combien cette nouveauté me fut sensible & douce! elle augmenta beaucoup mes dispositions à l'attendrissement. Je faisois de ce charmant paysage encore un des bienfaits de ma chere patronne : il me sembloit qu'elle l'avoit mis là tout exprès pour moi; je m'y plaçois paisiblement auprès d'elle; je la voyois partout entre les fleurs & la verdure ; ses charmes & ceux du printems se confondoient à mes yeux. Mon cœur jusqu'alors comprimé se trouvoit plus au large dans cet espace, & mes soupirs s'exhaloient plus librement parmi ces vergers.

On ne trouvoit pas chez Madame de *Warens* la magnificence que j'avois vue à Turin, mais on y trouvoit la propreté, la décence, & une abondance patriarcale avec laquelle le faste ne s'allie jamais. Elle avoit peu de vaisselle d'argent, point de porcelaine, point de gi-

bier dans fa cuifine, ni dans fa cave de
vins étrangers; mais l'une & l'autre étoient
bien garnies au fervice de tout le monde,
& dans des taffes de fayance elle donnoit
d'excellent café. Quiconque la venoit
voir, étoit invité à dîner avec elle ou
chez elle, & jamais ouvrier, meffager
ou paffant ne fortoit fans manger ou
boire. Son domeftique étoit compofé
d'une femme de chambre fribourgeoife
affez jolie, appellée *Merceret,* d'un valet de
fon pays appellé *Claude Anet,* dont il
fera queftion dans la fuite, d'une cuifiniere
& de deux porteurs de louage quand elle
alloit en vifite, ce qu'elle faifoit rarement. Voilà bien des chofes pour deux
mille livres de rente; cependant fon petit
revenu bien ménagé eût pu fuffire à tout
cela, dans un pays où la terre eft très-bonne
& l'argent très-rare. Malheureufement
l'économie ne fut jamais fa vertu favorite; elle s'endettoit, elle payoit, l'argent faifoit la navette & tout alloit.

La maniere dont fon ménage étoit
monté étoit précifément celle que j'aurois choifie; on peut croire que j'en profitois avec plaifir. Ce qui m'en plaifoit
moins étoit qu'il falloit refter très-long-
tems à table. Elle fupportoit avec peine la

premiere odeur du potage & des mets.
Cette odeur la faisoit presque tomber en
défaillance , & ce dégoût duroit long-
tems. Elle se remettoit peu-à-peu, cau-
soit , & ne mangeoit point. Ce n'étoit
qu'au bout d'une demi - heure qu'elle
essayoit le premier morceau. J'aurois
dîné trois fois dans cet intervalle : mon
repas étoit fait long-tems avant qu'elle
eût commencé le sien. Je recommençois
de compagnie ; ainsi je mangeois pour
deux, & ne m'en trouvois pas plus mal.
Enfin je me livrois d'autant plus au doux
sentiment du bien-être, que j'éprouvois
auprès d'elle , que ce bien-être dont je
jouissois n'étoit même d'aucune inquiétude sur les moyens de le soutenir. N'étant
point encore dans l'étroite confidence de
ses affaires, je les supposois en état d'aller
toujours sur le même pied. J'ai retrouvé
le mêmes agrémens dans sa maison par
la suite ; mais, plus instruit de sa situation réelle, & voyant qu'ils anticipoient
sur ses rentes, je ne les ai plus goûtés
si tranquillement. La prévoyance a toujours gâté chez moi la jouissance. J'ai
vu l'avenir à pure perte : je n'ai jamais
pu l'éviter.

Dès le premier jour la familiarité la

plus douce s'établit entre nous au même degré où elle a continué tout le reste de sa vie. *Petit* fut mon nom, *Maman* fut le sien, & toujours nous demeurâmes *Petit* & *Maman*, même quand le nombre des années en eût presque effacé la différence entre nous. Je trouve que ces deux noms rendent à merveille l'idée de notre ton, la simplicité de nos manieres, & sur-tout la relation de nos cœurs. Elle fut pour moi la plus tendre des meres qui jamais ne chercha son plaisir, mais toujours mon bien ; & si les sens entrerent dans mon attachement pour elle, ce n'étoit pas pour en changer la nature, mais pour le rendre seulement plus exquis, pour m'enivrer du charme d'avoir une Maman jeune & jolie qu'il m'étoit délicieux de caresser ; je dis, caresser au pied de la lettre ; car jamais elle n'imagina de m'épargner les baisers ni les plus tendres caresses maternelles, & jamais il n'entra dans mon cœur d'en abuser. On dira que nous avons pourtant eu à la fin des relations d'une autre espece ; j'en conviens, mais il faut attendre ; je ne puis tout dire à la fois.

Le coup-d'œil de notre premiere entrevue fut le seul moment vraiment passionné qu'elle m'ait jamais fait sentir; encore ce moment fut-il l'ouvrage de la surprise. Mes regards indiscrets n'alloient jamais furetant sous son mouchoir, quoiqu'un embonpoint mal caché dans cette place eût bien pu les y attirer. Je n'avois ni transports ni desirs auprès d'elle: j'étois dans un calme ravissant, jouissant sans savoir de quoi. J'aurois ainsi passé ma vie & l'éternité même sans m'ennuyer un instant. Elle est la seule personne avec qui je n'ai jamais senti cette sécheresse de conversation qui me fait un supplice du devoir de la soutenir. Nos tête-à-têtes étoient moins des entretiens qu'un babil intarissable qui pour finir avoit besoin d'être interrompu. Loin de me faire une loi de parler, il falloit plutôt m'en faire une de me taire. A force de méditer ses projets elle tomboit souvent dans la rêverie. Hé bien, je la laissois rêver; je me taisois, je la contemplois, & j'étois le plus heureux des hommes. J'avois encore un tic fort singulier. Sans prétendre aux faveurs du tête-à-tête, je le recherchois sans cesse, & j'en jouissois avec une passion qui dégénéroit en fureur, quand des importuns venoient le troubler. Sitôt que quelqu'un arrivoit, homme ou femme, il n'importoit pas, je fortois en murmurant, ne pouvant fouffrir de refter en tiers auprès d'elle. J'allois compter les minutes dans fon antichambre, maudiffant mille fois ces éternels vifiteurs, & ne pouvant concevoir ce qu'ils avoient tant à dire, parce que j'avois à dire encore plus.

Je ne fentois toute la force de mon attachement pour elle que quand je ne la voyois pas. Quand je la voyois je n'étois que content ; mais mon inquiétude en fon abfence alloit au point d'être douloureufe. Le befoin de vivre avec elle me donnoit des élans d'attendriffement qui fouvent alloient jufqu'aux larmes. Je me fouviendrai toujours qu'un jour de grande fête, tandis qu'elle étoit à vêpres, j'allai me promener hors de la ville, le cœur plein de fon image & du defir ardent de paffer mes jours auprès d'elle. J'avois affez de fens pour voir que quant à préfent cela n'étoit pas poffible, & qu'un bonheur que je goûtois fi bien feroit court. Cela donnoit à ma rêverie une trifteffe qui n'avoit pourtant rien de fombre & qu'un efpoir flatteur tempéroit. Le fon des cloches qui m'a toujours finguliérement affecté, le chant des oifeaux, la beauté du jour,

la douceur du paysage, les maisons épar-
ses & champêtres dans lesquelles je plaçois
en idée notre commune demeure ; tout
cela me frappoit tellement d'une impression vive, tendre, triste & touchante,
que je me vis comme en extase transporté
dans cet heureux tems & dans cet heureux séjour, où mon cœur possédant
toute la félicité qui pouvoit lui plaire,
la goûtoit dans des ravissemens inexprimables, sans songer même à la volupté
des sens. Je ne me souviens pas de m'être
élancé jamais dans l'avenir avec plus de
force & d'illusion que je fis alors ; & ce
qui m'a frappé le plus dans le souvenir
de cette rêverie quand elle s'est réalisée,
c'est d'avoir retrouvé des objets tels exactement que je les avois imaginés. Si jamais rêve d'un homme éveillé eut l'air
d'une vision prophétique, ce fut assurément celui-là. Je n'ai été deçu que dans
sa durée imaginaire ; car les jours & les
ans & la vie entiere s'y passoit dans une
inaltérable tranquillité, au lieu qu'en effet
tout cela n'a duré qu'un moment. Hé-
las ! mon plus constant bonheur fut en
songe. Son accomplissement fut presque
à l'instant suivi du réveil.

Je ne finirois pas si j'entrois dans le
détail de toutes les folies que le souvenir

de cette chere Maman me faifoit faire,
quand je n'étois plus fous fes yeux. Combien de fois j'ai baifé mon lit en fongeant qu'elle y avoit couché, mes ri-
deaux, tous les meubles de ma chambre
en fongeant qu'ils étoient à elle, que fa
belle main les avoit touchés; le plan-
cher même fur lequel je me profternois
en fongeant qu'elle y avoit marché. Quelquefois même en fa préfence il m'échap-
poit des extravagances que le plus violent amour feul fembloit pouvoir infpi-
rer. Un jour à table, au moment qu'elle
avoit mis un morceau dans fa bouche,
je m'écrie que j'y vois un cheveu; elle
rejette le morceau fur fon affiette, je
m'en faifis avidement & l'avale. En un
mot, de moi à l'amant le plus paffionné
il n'y avoit qu'une différence unique,
mais effentielle, & qui rend mon état
prefque inconcevable à la raifon.

J'étois revenu d'Italie, non tout-à-
fait comme j'y étois allé; mais comme
peut-être jamais à mon âge on n'en eft
revenu. J'en avois rapporté non ma vir-
ginité, mais mon pucelage. J'avois fenti
le progrès des ans; mon tempérament
inquiet s'étoit enfin déclaré, & fa premiere éruption très-involontaire, m'avoit

donné fur ma fanté des alarmes qui pei-
gnent mieux que toute autre chofe l'innocence dans laquelle j'avois vécu jufqu'alors. Bientôt raffuré j'appris ce dangereux fupplément qui trompe la nature
& fauve aux jeunes gens de mon humeur
beaucoup de défordres aux dépens de
leur fanté, de leur vigueur, & quelquefois de leur vie. Ce vice que la honte
& la timidité trouvent fi commode, a
de plus un grand attrait pour les imagi-
nations vives; c'eft de difpofer pour ainfi
dire à leur gré de tout le fexe, & de
faire fervir à leurs plaifirs la beauté qui
les tente fans avoir befoin d'obtenir fon
aveu. Séduit par ce funefte avantage je
travaillois à détruire la bonne conftitu-
tion qu'avoit rétablie en moi la nature,
& à qui j'avois donné le tems de fe bien
former. Qu'on ajoute à cette difpofition
le local de ma fituation préfente ; logé
chez une jolie femme, careffant fon image
au fond de mon cœur, la voyant fans
ceffe dans la journée ; le foir entouré
d'objets qui me la rappellent, couché
dans un lit où je fais qu'elle a couché.
Que de ftimulans ! tel lecteur qui fe les
repréfente, me regarde déja comme à
demi-mort. Tout au contraire : ce qui

devoit me perdre, fut précifément ce qui
me fauva, du moins pour un tems. Eni-
vré du charme de vivre auprès d'elle,
du defir ardent d'y paffer mes jours,
abfente ou préfente je voyois toujours
en elle une tendre mere, une fœur
chérie, une délicieufe amie, & rien
de plus. Je la voyois toujours ainfi,
toujours la même, & ne voyois jamais qu'elle. Son image, toujours préfente à mon cœur, n'y laiffoit place à
nulle autre; elle étoit pour moi la feule
femme qui fût au monde, & l'extrême
douceur des fentimens qu'elle m'infpiroit
ne laiffant pas à mes fens le tems de s'éveil-
ler pour d'autres, me garantiffoit d'elle
& de tout fon fexe. En un mot, j'étois
fage parce que je l'aimois. Sur ces effets
que je rends mal, dife qui pourra de
quelle efpece étoit mon attachement pour
elle. Pour moi, tout ce que j'en puis dire
eft que s'il paroît déja fort extraordinaire,
dans la fuite il le paroîtra beaucoup plus.

Je paffois mon tems le plus agréablement du monde, occupé des chofes qui
me plaifoient le moins. C'étoit des projets à rédiger, des mémoires à mettre au
net, des recettes à tranfcrire; c'étoient
des herbes à trier; des drogues à piler,
des alambics à gouverner. Tout à traver

tout cela venoient des foules de paffans, de mendians, de vifites de toute
efpece. Il falloit entretenir tout à la
fois un foldat, un apothicaire, un cha-
noine, une belle dame, un frere lay.
Je peftois, je grommelois, je jurois, je
donnois au diable toute cette maudite
cohue. Pour elle qui prenoit tout en
gaîté, mes fureurs la faifoient rire aux
larmes, & ce qui la faifoit rire encore
plus, étoit de me voir d'autant plus furieux que je ne pouvois moi-même m'empêcher de rire. Ces petits intervalles où
j'avois le plaifir de grogner étoient charmans, & s'il furvenoit un nouvel importun durant la querelle, elle en favoit encore tirer parti pour l'amufement en pro-
longeant malicieufement la vifite, & me
jettant des coups-d'œil pour lefquels je
l'aurois volontiers battue. Elle avoit peine
à s'abftenir d'éclater en me voyant contraint & retenu par la bienféance lui faire
des yeux de poffédé, tandis qu'au fond
de mon cœur, & même en dépit de
moi, je trouvois cela très-comique.

Tout cela, fans me plaire en foi,
m'amufoit pourtant, parce qu'il faifoit
partie d'une maniere d'être qui m'étoit
charmante. Rien de ce qui fe faifoit autour de moi, rien de tout ce qu'on me

faifoit faire, n'étoit felon mon goût, mais tout étoit felon mon cœur. Je crois que je ferois parvenu à aimer la médecine, fi mon dégoût pour elle n'eût fourni des fcènes folâtres qui nous égayoient fans ceffe : c'eft peut-être la premiere fois que cet art a produit un pareil effet. Je prétendois connoître à l'odeur un livre de médecine, & ce qu'il y a de plaifant, eft que je m'y trompois rarement. Elle me faifoit goûter des plus déteftables drogues. J'avois beau fuir ou vouloir me défendre ; malgré ma réfiftance & mes horribles grimaces, malgré moi & mes dents ; quand je voyois ces jolis doigts barbouillés s'approcher de ma bouche, il falloit finir par l'ouvrir & fucer. Quand tout fon petit ménage étoit raffemblé dans la même chambre, à nous entendre courir & crier au milieu des éclats de rire, on eût cru qu'on y jouoit quelque farce, & non pas qu'on y faifoit de l'opiate ou de l'élixir.

Mon tems ne fe paffoit pourtant pas tout entier à ces poliffonneries. J'avois trouvé quelques livres dans la chambre que j'occupois : le Spectateur, Puffendorff, St Evremond, la Henriade. Quoique je n'euffe plus mon ancienne fureur de lecture, par défœuvrement je lisois un peu de tout cela. Le Spectateur surtout me plut beaucoup & me fit du bien. M. L'abbé de *Gouvon* m'avoit appris à lire moins avidement & avec plus de réflexion; la lecture me profitoit mieux. Je m'accoutumois à réfléchir sur l'élocution, sur les constructions élégantes; je m'exerçois à discerner le françois pur de mes idiomes provinciaux. Par exemple, je fus corrigé d'une faute d'orthographe que je faisois avec tous nos Genevois par ces deux vers de la Henriade.

Soit qu'un ancien respect pour le sang de leurs maîtres,
Parlât encore pour lui dans le cœur de ces traîtres :

Ce mot *parlât* qui me frappa, m'apprit qu'il falloit un *t* à la troisieme personne du subjonctif; au lieu qu'auparavant je l'écrivois & prononçois *parla*, comme le présent de l'indicatif.

Quelquefois je causois avec Maman de mes lectures; quelquefois je lisois auprès d'elle; j'y prenois grand plaisir; je m'exerçois à bien lire, & cela me fut utile aussi. J'ai dit qu'elle avoit l'esprit orné. Il étoit alors dans toute sa fleur. Plusieurs gens de lettres s'étoient empressés à lui plaire, & lui avoient appris à juger des ouvrages d'efprit. Elle avoit, fi je puis parler ainfi, le goût un peu proteftant; elle ne parloit que de Bayle & faifoit grand cas de St Evremond, qui depuis long-tems étoit mort en France. Mais cela n'empêchoit pas qu'elle ne connût la bonne littérature & qu'elle n'en parlât fort bien. Elle avoit été élevée dans des fociétés choifies, & venue en Savoye encore jeune, elle avoit perdu dans le commerce charmant de la nobleffe du pays ce ton maniéré du pays de Vaud où les femmes prennent le bel efprit pour l'efprit du monde, & ne favent parler que par épigrammes.

Quoiqu'elle n'eût vu la Cour qu'en paffant, elle y avoit jetté un coup-d'œil rapide qui lui avoit fuffi pour la connoître. Elle s'y conferva toujours des amis, & malgré de fecrettes jaloufies, malgré les murmures qu'excitoient fa conduite & fes dettes, elle n'a jamais perdu fa penfion. Elle avoit l'expérience du monde, & l'efprit de réflexion qui fait tirer parti de cette expérience. C'étoit le fujet favori de fes converfations, & c'étoit précifément, vu mes idées chimériques, la forte d'inftruction dont j'avois le plus grand befoin. Nous lifions enfemble la

Bruyere: il lui plaifoit plus que la Rochefoucault, livre trifte & défolant, principalement dans la jeuneffe où l'on n'aime pas à voir l'homme comme il eft. Quand elle moralifoit, elle fe perdoit quelquefois un peu dans les efpaces; mais en lui baifant de tems en tems la bouche ou les mains je prenois patience, & fes longueurs ne m'ennuyoient pas.

Cette vie étoit trop douce pour pouvoir durer. Je le fentois & l'inquiétude de la voir finir étoit la feule chofe qui en troubloit la jouiffance. Tout en folâtrant Maman m'étudioit, m'obfervoit, m'interrogeoit, & bâtiffoit pour ma fortune force projets dont je me ferois bien paffé. Heureufement ce n'étoit pas le tout de connoître mes penchans, mes goûts, mes petits talens, il falloit trouver ou faire naître les occafions d'en tirer parti, & tout cela n'étoit pas l'affaire d'un jour. Les préjugés même qu'avoit conçus la pauvre femme en faveur de mon mérite reculoient les momens de le mettre en œuvre, en la rendant plus difficile fur le choix des moyens; enfin tout alloit au gré de mes defirs, grace à la bonne opinion qu'elle avoit de moi; mais il en fallut rabattre, &

dès-lors , adieu la tranquillité. Un de
ſes parens appellé M. d'*Aubonne* la vint
voir. C'étoit un homme de beaucoup
d'eſprit, intrigant, génie à projets comme elle, mais qui ne s'y ruinoit pas, une
eſpece d'avanturier. Il venoit de propoſer au Cardinal de Fleury un plan de
lotterie très-compoſée, qui n'avoit pas
été goûté. Il alloit le propoſer à la Cour
de Turin où il fut adopté & mis en
exécution. Il s'arrêta quelque tems à Annecy & y devint amoureux de Madame
l'Intendante , qui étoit une perſonne
fort aimable, fort de mon goût, & la
ſeule que je viſſe avec plaiſir chez Maman. M. d'*Aubonne* me vit, ſa parente
lui parla de moi, il ſe chargea de m'exa-
miner , de voir à quoi j'étois propre, &
s'il me trouvoit de l'étoffe, de chercher
à me placer.

Madame de *Warens* m'envoya chez
lui deux ou trois matins de ſuite, ſous
prétexte de quelque commiſſion & ſans
me prévenir de rien. Il s'y prit très-bien
pour me faire jaſer, ſe familiariſa avec
moi, me mit à mon aiſe autant qu'il étoit
poſſible, me parla de niaiſeries & de
toutes ſortes de ſujets. Le tout ſans paroître m'obſerver, ſans la moindre affec-

tation, & comme fi, fe plaifant avec, moi, il eût voulu converfer fans gêne. J'étois enchanté de lui. Le réfultat de fes obfervations fut que malgré ce que promettoient mon extérieur & ma phyfionomie animée, j'étois, finon tout à fait inepte, au moins un garçon de peu d'efprit, fans idées, prefque fans acquis, très-borné en un mot à tous égards, & que l'honneur de devenir quelque jour Curé de village étoit la plus haute fortune à laquelle je duffe afpirer. Tel fut le compte qu'il rendit de moi à Madame de *Warens*. Ce fut la feconde ou troifieme fois que je fus ainfi jugé; ce ne fut pas la derniere, & l'arrêt de M. *Maffcron* a fouvent été confirmé.

La caufe de ces jugemens tient trop à mon caractere, pour n'avoir pas ici befoin d'explication: car en confcience, on fent bien que je ne puis fincérement y foufcrire, & qu'avec toute l'impartialité poffible, quoiqu'aient pu dire M^rs. *Maffcron*, d'*Aubonne*, & beaucoup d'autres, je ne les faurois prendre au mot.

Deux chofes prefque inalliables s'uniffent en moi fans que j'en puiffe concevoir la maniere. Un tempérament très-ardent,

ardent, des paſſions vives, impétueuſes,
& des idées lentes à naître, embarraſſées,
& qui ne ſe préſentent jamais qu'après-
coup. On diroit que mon cœur & mon
eſprit n'appartiennent pas au même individu. Le ſentiment plus prompt que
l'éclair vient remplir mon ame, mais
au lieu de m'éclairer il me brûle &
m'éblouit. Je ſens tout & je ne vois rien.
Je ſuis emporté, mais ſtupide ; il faut
que je ſois de ſang-froid pour penſer. Ce
qu'il y a d'étonnant eſt que j'ai cependant le taċt aſſez ſûr, de la pénétration,
de la fineſſe même, pourvu qu'on m'attende : je fais d'excellens impromptus à
loiſir ; mais ſur le tems je n'ai jamais rien
fait ni dit qui vaille. Je ferois une fort
jolie converſation par la poſte, comme
on dit que les Eſpagnols jouent aux
échecs. Quand je lus le trait d'un Duc
de Savoye qui ſe retourna, faiſant route,
pour crier ; *à votre gorge, marchand
de Paris*, je dis, me voilà.

Cette lenteur de penſer jointe à cette
vivacité de ſentir, je ne l'ai pas ſeulement dans la converſation, je l'ai même
ſeul & quand je travaille. Mes idées s'ar-
rangent dans ma tête avec la plus incroyable difficulté. Elles y circulent

fourdement ; elles y fermentent jufqu'à m'émouvoir, m'échauffer, me donner des palpitations ; & au milieu de toute cette émotion je ne vois rien nettement ; je ne faurois écrire un feul mot, il faut que j'attende. Infenfiblement ce grand mouvement s'appaife, ce cahos fe débrouille ; chaque chofe vient fe mettre à fa place, mais lentement & après une longue & confufe agitation. N'avez-vous point vu quelquefois l'opera en Italie ? Dans les changemens de fcene il regne fur ces grands théâtres un défordre défagréable, & qui dure affez long temps : toutes les décorations font entremélées ; on voit de toutes parts un tiraillement qui fait peine ; on croit que tout va renverfer. Cependant peu-à-peu tout s'arrange, rien ne manque, & l'on eft tout furpris de voir fuccéder à ce long tumulte un fpectacle raviffant. Cette manœuvre eft à-peu-près celle qui fe fait dans mon cerveau quand je veux écrire. Si j'avois fu premierement attendre, & puis rendre dans leur beauté les chofes qui s'y font ainfi peintes, peu d'Auteurs m'auroient furpaffé.

De-là vient l'extrême difficulté que je trouve à écrire. Mes manufcrits raturés,

barbouillés, mêlés, indéchiffrables, at-
teftent la peine qu'ils m'ont coûtée. Il
n'y en a pas un qu'il ne m'ait fallu tranfcrire quatre ou cinq fois avant de le donner à la preffe. Je n'ai jamais pu rien faire la plume à la main vis-à-vis d'une
table & de mon papier : c'eft à la promenade au milieu des rochers & des bois,
c'eft la nuit dans mon lit & durant mes
infomnies que j'écris dans mon cerveau,
l'on peut juger avec quelle lenteur, fur-
tout pour un homme abfolument dé-
pourvu de mémoire verbale, & qui de
la vie n'a pu retenir fix vers par cœur.
Il y a telle de mes périodes que j'ai tournée & retournée cinq ou fix nuits dans
ma tête avant qu'elle fût en état d'être
mife fur le papier. De-là vient encore
que je réuffis mieux aux ouvrages qui
demandent du travail, qu'à ceux qui veulent être faits avec une certaine légéreté,
comme les lettres ; genre dont je n'ai
jamais pu prendre le ton, & dont l'occupation me met au fupplice. Je n'écris
point de lettres fur les moindres fujets
qui ne me coûtent des heures de fatigue,
ou fi je veux écrire de fuite ce qui me
vient, je ne fais ni commencer ni finir,
ma lettre eft un long & confus verbia-
ge ; à peine m'entend-on quand on la lit,

Non-seulement les idées me coûtent à rendre, elles me coûtent même à recevoir. J'ai étudié les hommes & je me crois affez bon obfervateur. Cependant je ne fais rien voir de ce que je vois ; je ne vois bien que ce que je me rappelle, & je n'ai de l'efprit que dans mes fouvenirs. De tout ce qu'on dit, de tout ce qu'on fait, de tout ce qui fe paffe en ma préfence, je ne fens rien, je ne pénetre rien. Le figne extérieur eft tout ce qui me frappe. Mais enfuite tout cela me revient : je me rappelle le lieu, le tems, le ton, le regard, le gefte, la circonftance, rien ne m'échappe. Alors fur ce qu'on a fait ou dit, je trouve ce qu'on a penfé, & il eft rare que je me trompe.

Si peu maitre de mon efprit feul avec moi-même, qu'on juge de ce que je dois être dans la converfation, où, pour parler à propos, il faut penfer à la fois & fur le champ à mille chofes. La feule idée de tant de convenances dont je fuis fur d'oublier au moins quelqu'une, fuffit pour m'intimider. Je ne comprends pas même comment on ofe parler dans un cercle : car à chaque mot il faudroit paffer en revue tous les gens qui font là : il faudroit connoître tous leurs caracte- res, favoir leurs hiftoires, pour être fûr de ne rien dire qui puiffe offenfer quelqu’un. Là-deſſus ceux qui vivent dans le monde ont un grand avantage : ſachant mieux ce qu’il faut taire, ils ſont plus ſurs de ce qu’ils diſent : encore leur échappe-t-il ſouvent des balourdiſes. Qu’on juge de celui qui tombe là des nues ! Il lui eſt preſque impoſſible de parler une minute impunément. Dans le tête-à-tête il y a un autre inconvénient que je trouve pire ; la néceſſité de parler toujours. Quand on vous parle, il faut répondre, & ſi l’on ne dit mot, il faut relever la converſation. Cette inſupportable contrainte m’eût ſeule dégoûté de la ſociété. Je ne trouve point de gêne plus terrible que l’obligation de parler ſur le champ & toujours. Je ne ſais ſi ceci tient à ma mortelle averſion pour tout aſſujettiſſement ; mais c’eſt aſſez qu’il faille abſolument que je parle pour que je diſe une ſottiſe infailliblement.

Ce qu’il y a de plus fatal eſt qu’au lieu de ſavoir me taire quand je n’ai rien à dire, c’eſt alors que pour payer plutôt ma dette j’ai la fureur de vouloir parler. Je me hâte de balbutier promptement des paroles ſans idées, trop heureux quand elles ne ſignifient rien du tout. En voulant vaincre ou cacher mon ineptie, je manque rarement de la montrer.

Je crois que voilà de quoi faire affez
comprendre comment n'étant pas un
fot, j'ai cependant fouvent paffé pour
l'être, même chez des gens en état de
bien juger : d'autant plus malheureux
que ma phyfionomie & mes yeux pro-
mettent davantage, & que cette attente
fruftrée rend plus choquante aux autres
ma ftupidité. Ce détail qu'une occafion
particuliere a fait naître n'eft pas inutile
à ce qui doit fuivre. Il contient la clef
de bien des chofes extraordinaires qu'on
m'a vu faire, & qu'on attribue à une
humeur fauvage que je n'ai point. J'ai-
merois la fociété comme un autre, fi je
n'étois fûr de m'y montrer non-feulement à mon défavantage, mais tout autre que je ne fuis. Le parti que j'ai pris
d'écrire & de me cacher eft précifément
celui qui me convenoit. Moi préfent on
n'auroit jamais fu ce que je valois, on ne
l'auroit pas foupçonné même ; & c'eft ce
qui eft arrivé à Madame *Dupin*, quoique
femme d'efprit, & quoique j'aye vécu
dans fa maifon plufieurs années. Elle me
l'a dit bien des fois elle-même depuis ce
tems-là. Au refte tout ceci fouffre de
certaines exceptions, & j'y reviendrai
dans la fuite.

La mefure de mes talens ainfi fixée,

l’état qui me convenoit ainſi déſigné , il ne fut plus queſtion pour la ſeconde fois que de remplir ma vocation. La difficulté fut que je n’avois pas fait mes études & que je ne ſavois pas même aſſez de latin pour être Prêtre. Madame de *Warens* imagina de me faire inſtruire au ſéminaire pendant quelque tems. Elle en parla au ſupérieur ; c’étoit un lazariſte appellé M. *Gros*, bon petit homme à moitié borgne , maigre , griſon , le plus ſpirituel & le moins pédant lazariſte que j’aye connu ; ce qui n’eſt pas beaucoup dire , à la vérité.

Il venoit quelquefois chez Maman qui l’accueilloit, le careſſoit , l’agaçoit même , & ſe faiſoit quelquefois lacer par lui , emploi dont il ſe ,chargeoit aſſez volontiers. Tandis qu’il étoit en fonction, elle couroit par la chambre de côté & d’autre , faiſant tantôt ceci tantôt cela. Tiré par le lacet , Monſieur le ſupérieur ſuivoit en grondant , & diſant à tout moment ; mais Madame , tenez-vous donc. Cela faiſoit un ſujet aſſez pittoreſque.

M. *Gros* ſe prêta de bon cœur au projet de Maman. Il ſe contenta d’une penſion très modique , & ſe chargea de l’inſtruction. Il ne fut queſtion que du conſentement de l’Evêque , qui non-ſeulement l'accorda, mais qui voulut payer la penſion. Il permit auſſi que je reſtaſſe en habit laïque, juſqu'à ce qu'on pût juger par un eſſai du ſuccès qu'on devoit eſpérer.

Quel changement! Il fallut m'y ſoumettre. J'allai au ſéminaire comme j'aurois été au ſupplice. La triſte maiſon qu'un ſéminaire ; ſur - tout pour qui ſort de celle d'une aimable femme. J'y portois un ſeul livre que j'avois prié Maman de me prêter, & qui me fut d'une grande reſſource. On ne devinera pas quelle ſorte de livre c'étoit : un livre de muſique. Parmi les talens qu'elle avoit cultivés, la muſique n'avoit pas été oubliée. Elle avoit de la voix, chantoit paſſablement & jouoit un peu du clavecin. Elle avoit eu la complaiſance de me donner quelques leçons de chant, & il fallut commencer de loin, car à peine ſavois-je la muſique de nos pſeaumes. Huit ou dix leçons de femme & fort interrompues, loin de me mettre en état de ſolfier ne m'apprirent pas le quart des ſignes de la muſique. Cependant j'avois une telle paſſion pour cet art, que je voulus eſſayer de m'exercer ſeul. Le livre que j'emportai n'étoit pas même des plus faciles ; c'étoient les cantates de

Clerambault. On concevra quelle fut mon application & mon obstination, quand je dirai que sans connoître ni transposition ni quantité, je parvins à déchiffrer & chanter sans faute le premier récitatif & le premier air de la cantate d'*Alphée & Arétuse*; & il est vrai que cet air est scandé si juste, qu'il ne faut que réciter les vers avec leur mesure pour y mettre celle de l'air.

Il y avoit au séminaire un maudit lazariste qui m'entreprit & qui me fit prendre en horreur le latin qu'il vouloit m'enseigner. Il avoit des cheveux plats, gras & noirs, un visage de pain d'épice, une voix de buffle, un regard de chat-huant, des crins de sanglier au lieu de barbe; son sourire étoit sardonique; ses membres jouoient comme les poulies d'un manequin: j'ai oublié son odieux nom; mais sa figure effrayante & doucereuse m'est bien restée, & j'ai peine à me la rappeller sans frémir. Je crois le rencontrer encore dans les corridors, avançant gracieusement son crasseux bonnet quarré pour me faire signe d'entrer dans sa chambre, plus affreuse pour moi qu'un cachot. Qu'on juge du contraste d'un pareil maître pour le disciple d'un Abbé de Cour !

Si j'étois resté deux mois à la merci de ce monstre, je suis persuadé que ma tête n'y auroit pas résisté. Mais le bon M. *Gros* qui s'apperçut que j'étois triste, que je ne mangeois pas, que je maigrissois, devina le sujet de mon chagrin ; cela n'étoit pas difficile. Il m'ôta des griffes de ma bete, & par un autre contraste encore plus marqué me remit au plus doux des hommes. C'étoit un jeune abbé Faucigneran, appellé M. *Gâtier* qui faisoit son séminaire & qui par complaisance pour M. *Gros*, & je crois, par humanité, vouloit bien prendre sur ses études le tems qu'il donnoit à diriger les miennes. Je n'ai jamais vu de physionomie plus touchante que celle de M. *Gâtier*. Il étoit blond & sa barbe tiroit sur le roux. Il avoit le maintien ordinaire aux gens de sa province, qui sous une figure épaisse cachent tous beaucoup d'esprit ; mais ce qui se marquoit vraiment en lui étoit une ame sensible, affectueuse, aimante. Il y avoit dans ses grands yeux bleus un mélange de douceur, de tendresse & de tristesse, qui faisoit qu'on ne pouvoit le voir fans s'intéreffer à lui. Aux regards, au ton de ce pauvre jeune homme, on eût dit qu'il prévoyoit fa deftinée, & qu'il fe fentoit né pour être malheureux.

Son caractere ne démentoit point fa phyfionomie. Plein de patience & de complaifance, il fembloit plutôt étudier avec moi que m'inftruire. Il n'en falloit pas tant pour me le faire aimer, fon prédéceffeur avoit rendu cela très-facile. Cependant malgré tous le tems qu'il me donnoit, malgré toute la bonne volonté que nous y mettions l'un & l'autre, & quoiqu'il s'y prît très-bien, j'avançai peu en travaillant beaucoup. Il eft fingulier qu'avec affez de conception je n'ai jamais pu rien apprendre avec des maîtres, excepté mon pere & M. *Lambercier.* Le peu que je fais de plus, je l'ai appris feul, comme on verra ci-après. Mon efprit impatient de toute efpece de joug ne peut s'afservir à la loi du moment. La crainte même de ne pas apprendre m'empéché d'être attentif. De peur d'impatienter celui qui me parle, je feins d'entendre ; il va en avant & je n'entends rien. Mon efprit veut marcher à fon heure, il ne peut fe foumettre à celle d'autrui.

Le tems des ordinations étant venu, M. *Gâtier* s'en retourna diacre dans sa province. Il emporta mes regrets, mon attachement, ma reconnoiffance. Je fis pour lui des vœux qui n'ont pas été plus exaucés que ceux que j'ai faits pour moi-même. Quelques années après j'appris qu'étant vicaire dans une paroiffe il avoit fait un enfant à une fille, la feule dont avec un cœur très-tendre il eût jamais été amoureux. Ce fut un fcandale effroyable dans un diocèfe adminiftré très-févérement. Les Prêtres, en bonne regle, ne doivent faire des enfans qu'à des femmes mariées. Pour avoir manqué à cette loi de convenance il fut mis en prifon, diffamé, chaffé. Je ne fais s'il aura pu dans la fuite rétablir fes affaires; mais le fentiment de fon infortune profondément gravé dans mon cœur me revint quand j'écrivis l'Emile, & réuniffant M. *Gâtier* avec M. *Gaime*, je fis de ces deux dignes Prêtres l'original du vicaire Savoyard. Je me flatte que l'imitation n'a pas déshonoré fes modeles.

Pendant que j'étois au féminaire, M. d'*Aubonne* fut obligé de quitter Annecy. M***. s'avifa de trouver mauvais qu'il fît l'amour à fa femme. C'étoit faire comme le chien du jardinier; car quoique Madame * * *. fût aimable, il vivoit fort mal avec elle : & la traitoit si brutalement qu'il fut question de séparation. M * * *. étoit un vilain homme, noir comme une taupe, fripon comme une chouette, & qui à force de vexations, finit par se faire chasser lui-même. On dit que les Provençaux se vengent de leurs ennemis par des chansons; M. d'*Aubonne* se vengea du sien par une comédie : il envoya cette piece à Madame de *Warens* qui me la fit voir. Elle me plut & me fit naître la fantaisie d'en faire une pour essayer si j'étois en effet aussi bête que l'auteur l'avoit prononcé : mais ce ne fut qu'à Chambéri que j'exécutai ce projet en écrivant l'*amant de lui-même*. Ainsi quand j'ai dit dans la préface de cette piece que je l'avois écrite à dix-huit ans, j'ai menti de quelques années.

C'est à-peu-près à ce tems-ci que se rapporte un événement peu important en lui-même, mais qui a eu pour moi des suites, & qui a fait du bruit dans le monde quand je l'avois oublié. Toutes les semaines j'avois une fois la permission de sortir; je n'ai pas besoin de dire quel usage j'en faisois. Un dimanche que j'étois chez Maman, le feu prit à un bâtiment des Cordeliers attenant à la maison qu'elle occupoit. Ce bâtiment où étoit leur four étoit plein jusqu'au comble de fascines seches. Tout fut embrâlé en très-peu de tems. La maison étoit en grand péril & couverte par les flammes que le vent y portoit. On se mit en devoir de déménager en hâte & de porter les meubles dans le jardin, qui étoit vis-à-vis mes anciennes fenêtres & au delà du ruisseau dont j'ai parlé. J'étois si troublé que je jettois indifféremment par la fenêtre tout ce qui me tomboit sous la main, jusqu'à un gros mortier de pierre qu'en tout autre tems j'aurois eu peine à soulever: j'étois prêt à y jetter de même une grande glace, si quelqu'un ne m'eût retenu. Le bon Evêque qui étoit venu voir Maman ce jour-là ne resta pas, non plus, oisif. Il l'emmena dans le jardin où il se mit en prieres avec elle & tous ceux qui étoient là, en sorte qu'arrivant quelque tems après je vis tout le monde à genoux & m'y mis comme les autres. Durant la priere du saint homme le vent changea, mais si brusquement & si à propos que les flammes qui couvroient la maison & entroient déjà par les fenêtres furent portées de l'autre côté de la cour, & la maison n'eut aucun mal. Deux ans après, M. de *Bernex* étant mort, les Antonins, ses anciens confreres, commencerent à recueillir les pieces qui pouvoient servir à sa béatification. A la priere du P. *Boudet* je joignis à ces pieces une attestation du fait que je viens de rapporter, en quoi je fis bien; mais en quoi je fis mal, ce fut de donner ce fait pour un miracle. J'avois vu l'Evêque en priere, & durant sa priere j'avois vu le vent changer, & même très-à propos : voilà ce que je pouvois dire & certifier : mais qu'une de ces deux choses fût la cause de l'autre, voilà ce que je ne devois pas attester, parce que je ne pouvois le savoir. Cependant autant que je puis me rappeller mes idées, alors sincérement catholique, j'étois de bonne foi. L'amour du merveilleux si naturel au cœur humain, ma vénération pour ce vertueux Prélat, l'orgueil secret d'avoir peut-être contribué moi-même au miracle, aiderent à me séduire, & ce qu'il y a de sûr est que si ce miracle eût été l'effet des plus ardentes prieres, j'aurois bien pu m'en attribuer ma part.

Plus de trente ans après, lorsque

j'eus publié les *Lettres de la montagne*, M. *Fréron* déterra ce certificat, je ne sais comment, & en fit usage dans ses feuilles. Il faut avouer que la découverte étoit heureuse & l'à-propos me parut à moi-même très-plaisant.

J'étois destiné à être le rebut de tous les états. Quoique M. *Gâtier* eût rendu de mes progrès le compte le moins défavorable qu'il lui fut possible, on voyoit qu'ils n'étoient pas proportionnés à mon travail, & cela n'étoit pas encourageant pour me faire pousser mes études. Aussi l'Evêque & le Supérieur se rebuterent-ils, & on me rendit à Madame de *Warens* comme un sujet qui n'étoit pas même bon pour être prêtre ; au reste assez bon garçon, disoit-on, & point vicieux ; ce qui fit que malgré tant de préjugés rebutans sur mon compte, elle ne m'abandonna pas.

Je rapportai chez elle en triomphe son livre de musique dont j'avois tiré si bon parti. Mon air d'Alphée & Aréthuse étoit à-peu-près tout ce que j'avois appris au séminaire. Mon goût marqué pour cet art lui fit naître la pensée de me faire musicien. L'occasion étoit commode. On faisoit chez elle au moins une fois la semaine de la musique, &

le maître de musique de la cathédrale
qui dirigeoit ce petit concert venoit la
voir très-souvent. C'étoit un Parisien
nommé M. le *Maître*, bon compositeur, fort vif, fort gai, jeune encore,
assez bien fait, peu d'esprit, mais au
demeurant très-bon homme. Maman me
fit faire sa connoissance; je m'attachois
à lui, je ne lui déplaisois pas : on parla
de pension; l'on en convint. Bref, j'entrai chez lui, & j'y passai l'hiver d'autant plus agréablement que la maîtrise
n'étant qu'à vingt pas de la maison de
Maman, nous étions chez elle en un
moment, & nous y soupions très-souvent
ensemble.

On jugera bien que la vie de la maîtrise toujours chantante & gaie, avec
les musiciens & les enfans de chœur, me
plaisoit plus que celle du séminaire avec
les peres de St. Lazare. Cependant cette
vie, pour être plus libre, n'en étoit
pas moins égale & réglée. J'étois fait
pour aimer l'indépendance & pour n'en
abuser jamais. Durant six mois entiers,
je ne sortis pas une seule fois que pour
aller chez Maman ou à l'église, & je
n'en fus pas même tenté. Cet intervalle
est un de ceux où j'ai vécu dans le plus
grand calme, & que je me suis rap-

pellés avec le plus de plaifir. Dans les
fituations diverfes où je me fuis trouvé,
quelques-uns ont été marqués par un tel
fentiment de bien-etre, qu'en les remé-
morant j'en fuis affecté comme fi j'y étois
encore. Non-feulement je me rappelle
les tems, les lieux, les perfonnes, mais
tous les objets environnans la tempé-
rature de l'air, fon odeur, fa couleur,
une certaine impreffion locale qui ne
s'eft fait fentir que là, & dont le fouvenir vif m'y tranfporte de nouveau.
Par exemple, tout ce qu'on répétoit à
la maîtrife, tout ce qu'on chantoit au
chœur, tout ce qu'on y faifoit, le bel
& noble habit des Chanoines, les cha-
fubles des Prêtres, les mitres des chan-
tres, la figure des muficiens, un vieux
charpentier boiteux qui jouoit de la
contrebaffe, un petit abbé blondin qui
jouoit du violon, le lambeau de foutane
qu'après avoir pofé fon épée, M. le
Maître endoffoit par-deffus fon habit
laïque, & le beau furplis fin dont il
en couvroit les loques pour aller au
chœur : l'orgueil avec lequel j'allois,
tenant ma petite flûte à bec m'établir
dans l'orcheftre à la tribune, pour un
petit bout de récit que M. le *Maître*
avoit fait exprès pour moi : le bon dîné

qui nous attendoit enfuite, le bon appétit qu'on y portoit; ce concours d'objets vivement retracé m'a cent fois charmé dans ma mémoire, autant & plus que dans la réalité. J'ai gardé toujours une affection tendre pour un certain air du *Conditor alme fyderum* qui marche par jambes; parce qu'un dimanche de l'Avent j'entendis de mon lit chanter cette hymne avant le jour fur le perron de la cathédrale, felon un rite de cette Eglife-là. Mlle. *Merceret*, femme-de-chambre de Maman, favoit un peu de mufique : je n'oublierai jamais un petit motet *afferte* que M. le Maître me fit chanter avec elle & que fa maîtreffe écoutoit avec tant de plaifir. Enfin tout jufqu'à la bonne fervante *Perrine* qui étoit fi bonne fille & que les enfans de chœur faifoient tant endêver, tout dans les fouvenirs de ces tems de bonheur & d'innocence revient fouvent me ravir & m'attrifter.

Je vivois à Annecy depuis près d'un an fans le moindre reproche ; tout le monde étoit content de moi. Depuis mon départ de Turin je n'avois point fait de fottife, & je n'en fis point tant que je fus fous les yeux de Maman. Elle me conduifoit, & me conduifoit toujours bien; mon attachement pour elle étoit devenu ma seule passion, & ce qui prouve que ce n'étoit pas une passion folle c'est que mon cœur formoit ma raison. Il est vrai qu'un seul sentiment absorbant pour ainsi dire toutes mes facultés, me mettoit hors d'état de rien apprendre; pas même la musique, bien que j'y fisse tous mes efforts. Mais il n'y avoit point de ma faute; la bonne volonté y étoit toute entiere, l'assiduité y étoit. J'étois distrait, rêveur, je soupirois; qu'y pouvois-je faire? Il ne manquoit à mes progrès rien qui dépendît de moi; mais pour que je fisse de nouvelles folies, il ne falloit qu'un sujet qui vînt me les inspirer. Ce sujet se présenta; le hasard arrangea les choses, & comme on verra dans la suite, ma mauvaise tête en tira parti.

Un soir du mois de Février qu'il faisoit bien froid, comme nous étions tous autour du feu, nous entendîmes frapper a la porte de la rue. *Perrine* prend sa lenterne, descend, ouvre : un jeune homme entre avec elle, monte, se présente d'un air aisé, & fait à M. le *Maître* un compliment court & bien tourné, se donnant pour un musicien françois que le mauvais état de ses finances forçoit de vicarier pour paſſer ſon chemin. A ce mot de muſicien françois le cœur treſſaillit au bon le *Maître* ; il aimoit paſſionnément ſon pays & ſon art. Il accueillit le jeune paſſager, lui offrit le gîte dont il paroiſſoit avoir grand beſoin & qu'il accepta ſans beaucoup de façon. Je l'examinai tandis qu'il ſe chauffoit & qu'il jaſoit en attendant le ſoupé. Il étoit court de ſtature mais large de quarrure ; il avoit je ne ſais quoi de contrefait dans ſa taille ſans aucune difformité particuliere ; c'étoit pour ainſi dire un boſſu à épaules plattes, mais je crois qu'il boitoit un peu. Il avoit un habit noir plutôt uſé que vieux, & qui tomboit par pieces, une chemiſe très fine & très-ſale, de belles manchettes d'effilé, des guêtres dans chacune deſquelles il auroit mis ſes deux jambes, & pour ſe garantir de la neige un petit chapeau à porter ſous le bras. Dans ce comique équipage il y avoit pourtant quelque choſe de noble que ſon maintien ne démentoit pas ; ſa phyſionomie avoit de la fineſſe & de l'agrément, il parloit facilement & bien, mais très-peu modeſtement. Tout marquoit en lui un jeune débauché qui avoit eu de l'éducation & qui n'alloit pas gueuſant comme un gueux, mais comme un fou. Il nous dit qu'il s'appelloit *Venture de Villeneuve*, qu'il venoit de Paris, qu'il s'étoit égaré dans fa route, & oubliant un peu fon rôle de muficien, il ajouta qu'il alloit à Grenoble voir un parent qu'il avoit dans le Parlement.

Pendant le foupé on parla de mufique, & il en parla bien. Il connoiffoit tous les grands virtuofes, tous les ouvrages célebres, tous les acteurs, toutes les actrices, toutes les jolies femmes, tous les grands feigneurs. Sur tout ce qu'on difoit il paroiffoit au fait; mais à peine un fujet étoit-il entamé qu'il brouilloit l'entretien par quelque poliffonnerie qui faifoit rire & oublier ce qu'on avoit dit. C'étoit un famedi; il y avoit le lendemain mufique à la cathédrale. M. le *Maître* lui propofe d'y chanter; *très-volontiers*; lui demande quelle eft fa partie? *la Haute-contre*, & il parle d'autre chofe. Avant d'aller à l'églife on lui offrit fa partie à prévoir; il n'y jetta pas les yeux. Cette gafconade furprit le *Maître* : vous verrez, me dit-il à l'oreille qu'il ne fait pas une note de mufique. J'en ai grand'peur, lui répondis-je. Je les fuivis très-inquiet. Quand on commença, le cœur me bat-

tit d'une terrible force; car je m'intéref-
fois beaucoup à lui.

J'eus bientôt de quoi me raffurer. Il
chanta fes deux récits avec toute la juf-
teffe & tout le goût imaginables, & qui
plus eft avec une très-jolie voix. Je n'ai
gueres eu de plus agréable furprife. Après
la meffe M. *Venture* reçut des compli-
mens à perte de vue des chanoines &
des muficiens, auxquels il répondoit en
poliffonnant, mais toujours avec beaucoup de grace. M. le *Maître* l'embraffa
de bon cœur; j'en fis autant : il vit que
j'étois bien aife, & cela parut lui faire
plaifir.

On conviendra je m'affure, qu'après
m'être engoué de M. *Bâcle*, qui tout
compté n'étoit qu'un manan, je pouvois m'engouer de M. *Venture* qui avoit
de l'éducation, des talens, de l'efprit,
de l'ufage du monde, & qui pouvoit paffer pour un aimable débauché. C'eft
auffi ce qui m'arriva, & ce qui feroit
arrivé, je penfe, à tout autre jeune
homme à ma place, d'autant plus facilement encore qu'il auroit eu un meilleur tact pour fentir le mérite, & un
meilleur goût pour s'y attacher : car
Venture en avoit, fans contredit, & il
en avoit fur-tout un bien rare à fon âge,

celui de n'être point preſſé de montrer ſon acquis. Il eſt vrai qu'il ſe vantoit de beaucoup de choſes qu'il ne ſavoit point ; mais pour celles qu'il ſavoit & qui étoient en aſſez grand nombre, il n'en diſoit rien : il attendoit l'occaſion de les montrer ; il s'en prévaloſt alors ſans empreſſement, & cela faiſoit le plus grand effet. Comme il s'arrêtoit après chaque choſe ſans parler du reſte, on ne ſavoit plus quand il auroit tout montré. Badin, folâtre, inépuiſable, ſéduiſant dans la converſation, ſouriant toujours & ne riant jamais, il diſoit du ton le plus élégant les choſes les plus groſſieres & les faiſoit paſſer. Les femmes mémes les plus modeſtes s'étonnoient de ce qu'elles enduroient de lui. Elles avoient beau ſentir qu'il falloit ſe fâcher, elles n'en avoient pas la force. Il ne lui falloit que des filles perdues, & je ne crois pas qu'il fût fait pour avoir des bonnes fortunes, mais il étoit fait pour mettre un agrément infini dans la ſociété des gens qui en avoient. Il étoit difficile qu'avec tant de talens agréables, dans un pays où l'on s'y connoît & où on les aime, il reſtât borné long-tems à la ſphere des muſiciens.

Mon goût pour M. *Venture*, plus raiſonnable

fonnable dans fa caufe, fut auffi moins
extravagant dans fes effets, quoique plus
vif & plus durable que celui que j'avois
pris pour M. *Bâcle.* J'aimois à le voir,
à l'entendre, tout ce qu'il faifoit me
paroiffoit charmant, tout ce qu'il difoit
me fembloit des oracles : mais mon en-
gouement n'alloit point jufqu'à ne pouvoir me féparer de lui. J'avois à mon
voifinage un bon préfervatif contre cet
excès. D'ailleurs trouvant fes maximes
très-bonnes pour lui, je fentois qu'elles
n'étoient pas à mon ufage ; il me falloit
une autre forte de volupté dont il n'avoit
pas l'idée, & dont je n'ofois même lui
parler, bien fûr qu'il fe feroit moqué
de moi. Cependant j'aurois voulu allier
cet attachement avec celui qui me do-
minoit. J'en parlois à Maman avec tranf-
port ; le *Maître* lui en parloit avec élo-
ges. Elle confentit qu'on le lui amenât :
mais cette entrevue ne réuffit point du
tout : il la trouva précieufe ; elle le trouva
libertin, & s'alarmant pour moi d'une auffi
mauvaife connoiffance, non-feulement
elle me défendit de le lui ramener, mais
elle me peignit fi fortement les dangers
que je courois avec ce jeune homme, que
je devins un peu plus circonfpect à m'y

livrer, & très-heureusement pour mes mœurs & pour ma téte, nous fûmes bientôt séparés.

M. le *Maître* avoit les goûts de son art ; il aimoit le vin. A table, cependant il étoit sobre ; mais en travaillant dans son cabinet il falloit qu'il bût. Sa servante le savoit si bien que sitôt qu'il préparoit son papier pour composer & qu'il prenoit son violoncelle, son pot & son verre arrivoient l'instant d'après, & le pot se renouvelloit de tems à autre. Sans jamais étre absolument ivre, il étoit presque toujours pris de vin, & en vérité c'étoit dommage, car c'étoit un garçon essentiellement bon, & si gai que Maman ne l'appelloit que *petit-chat*. Malheureusement il aimoit son talent, travailloit beaucoup, & buvoit de même. Cela prit sur sa santé & enfin sur son humeur ; il étoit quelquefois ombrageux & facile à offenser. Incapable de grossiéreté, incapable de manquer à qui que ce fût, il n'a jamais dit une mauvaise parole, même à un de ses enfans de chœur. Mais il ne falloit pas non plus lui manquer, & cela étoit juste. Le mal étoit qu'ayant peu d'esprit il ne discernoit pas les tons & les caracteres, &

prenoît souvent la mouche fur rien.

L'ancien chapitre de Geneve, où jadis tant de Princes & d'Evêques fe faifoient un honneur d'entrer, a perdu dans fon exil fon ancienne fplendeur, mais il a confervé fa fierté. Pour pouvoir y être admis, il faut toujours être gentilhomme ou docteur de Sorbonne, & s'il eft un orgueil pardonnable après celui qui fe tire du mérite perfonnel, c'eft celui qui fe tire de la naiffance. D'ailleurs tous les prêtres qui ont des laïques à leurs gages les traitent d'ordinaire avec affez de hauteur. C'eft ainfi que les chanoines traitoient fouvent le pauvre le *Maître*. Le chantre fur-tout, appellé M. l'Abbé de *Vidonne*, qui, du refte étoit un très-galant homme, mais trop plein de fa nobleffe, n'avoit pas toujours pour lui les égards que méritoient fes talens, & l'autre n'enduroit pas volontiers ces dédains. Cette année ils eurent durant la femaine fainte un démélé plus vif qu'à l'ordinaire dans un dîné de régle que l'Evêque donnoit aux chanoines, & où le *Maître* étoit toujours invité. Le chantre lui fit quelque paffe-droit & lui dit quelque parole dure, que celui-ci ne put digérer. Il prit fur le champ la réfolution de s'enfuir la nuit suivante, & rien ne put l'en faire démordre, quoique Madame de *Warens*, à qui il alla faire ses adieux, n'épargnât rien pour l'appaiser. Il ne put renoncer au plaisir de se venger de ses tyrans, en les laissant dans l'embarras aux fêtes de Pâques, tems où l'on avoit le plus grand besoin de lui. Mais ce qui l'embarrassoit lui-même, étoit sa musique qu'il vouloit emporter, ce qui n'étoit pas facile. Elle formoit une caisse assez grosse & fort lourde, qui ne s'emportoit pas sous le bras.

Maman fit ce que j'aurois fait & ce que je ferois encore à sa place. Après bien des efforts inutiles pour le retenir, le voyant résolu de partir comme que ce fut, elle prit le parti de l'aider en tout ce qui dépendoit d'elle. J'ose dire qu'elle le devoit. Le *Maître* s'étoit consacré, pour ainsi dire, à son service. Soit en ce qui tenoit à son art, soit en ce qui tenoit à ses soins, il étoit entiérement à ses ordres, & le cœur avec lequel il les suivoit, donnoit à sa complaisance un nouveau prix. Elle ne faisoit donc que rendre à un ami dans une occasion essentielle ce qu'il faisoit pour elle en détail depuis trois ou quatre ans ; mais

elle avoit une ame qui, pour remplir de
pareils devoirs, n'avoit pas befoin de
fonger que ç'en étoient pour elle. Elle
me fit venir, m'ordonna de fuivre M. le
Maître au moins jufqu'à Lyon, & de
m'attacher à lui auffi long-tems qu'il auroit befoin de moi. Elle m'a depuis avoué
que le defir de m'éloigner de *Venture*
étoit entré pour beaucoup dans cet arrangement. Elle confulta Claude *Anet* fon
fidele domeftique pour le tranfport de la
caiffe. Il fut d'avis qu'au lieu de prendre à
Annecy une bête de fomme qui nous
feroit infailliblement découvrir, il falloit, quand il feroit nuit, porter la caiffe
à bras jufqu'à une certaine diftance, &
louer enfuite un âne dans un village,
pour la tranfporter jufqu'à Seyffel, où
étant fur terres de France nous n'aurions
plus rien à rifquer. Cet avis fut fuivi :
nous partîmes le même foir à fept heures, & Maman, fous prétexte de payer
ma dépenfe, groffit la petite bourfe du
pauvre petit-chat d'un furcroît qui ne
lui fut pas inutile. Claude *Anet*, le jardinier & moi, portâmes la caiffe comme
nous pûmes jufqu'au premier village, où
un âne nous relaya, & la même nuit
nous nous rendîmes à Seyffel.

L iij

Je crois avoir déja remarqué qu'il y
a des tems où je suis si peu semblable
à moi-même, qu'on me prendroit pour
un autre homme de caractere tout opposé. On en va voir un exemple. M.
Reydelet, curé de Seyssel, étoit cha-
noine de St Pierre, par conséquent de
la connoissance de M. le *Maître*, & l'un
des hommes dont il devoit le plus se
cacher. Mon avis fut au contraire d'aller
nous présenter à lui, & lui demander
gîte sous quelque prétexte, comme si
nous étions là du consentement du chapitre. Le *Maître* goûta cette idée qui
rendoit sa vengeance moqueuse & plaisan-
te. Nous allâmes donc effrontément chez
M. *Reydelet*, qui nous reçut très-bien.
Le *Maître* lui dit qu'il alloit à Bellay à
la priere de l'Evêque diriger sa musique
aux fêtes de Pâques, qu'il comptoit repasser dans peu de jours, & moi à l'appui
de ce mensonge, j'en enfilai cent autres
si naturels, que M. *Reydelet* me trouvant
joli garçon, me prit en amitié & me fit
mille caresses. Nous fûmes bien régalés,
bien couchés, M. *Reydelet* ne savoit quelle
chere nous faire ; & nous nous séparâ-
mes les meilleurs amis du monde, avec
promesse de nous arrêter plus long-tems

au retour. A peine pûmes-nous attendre que nous fuffions feuls pour commencer nos éclats de rire, & j'avoue qu'ils me reprennent encore en y penfant; car on ne fauroit imaginer une efpiéglerie mieux foutenue ni plus heureufe. Elle nous eut égayés durant toute la route, fi M. le *Maître*, qui ne ceffoit de boire & de battre la campagne, n'eût été attaqué deux ou trois fois d'une atteinte à laquelle il devenoit très-fujet, & qui reffembloit fort à l'épilefie. Cela me jetta dans des embarras qui m'effrayerent, & dont je penfai bientôt à me tirer comme je pourrois.

Nous allâmes à Bellay paffer les fêtes de Pâques comme nous l'avions dit à M. *Reydelet*; & quoique nous n'y fuffions point attendus, nous fûmes reçus du maître de mufique & accueillis de tout le monde avec grand plaifir. M. le *Maître* avoit de la confidération dans fon art & la méritoit. Le maître de mufique de Bellay fe fit honneur de fes meilleurs ouvrages, & tâcha d'obtenir l'approbation d'un fi bon juge: car outre que le *Maître* étoit connoiffeur, il étoit équitable, point jaloux, & point flagorneur. Il étoit fi fupérieur à tous ces maî-

tres de musique de province, & ils se
sentoient si bien eux-mêmes, qu'ils le
regardoient moins comme leur confrere
que comme leur chef.

Après avoir passé très agréablement
quatre ou cinq jours à Bellay, nous en
repartîmes & continuâmes notre route,
sans aucun accident que ceux dont je
viens de parler. Arrivés à Lyon, nous
fûmes loger à notre Dame de pitié, &
en attendant la caisse, qu'à la faveur d'un
autre mensonge nous avions embarquée
sur le Rhône par les soins de notre bon
patron M. *Reydelet*, M. le *Maître* alla
voir ses connoissances, entr'autres le Pere
Caton, cordelier, dont il sera parlé dans
la suite, & l'abbé *Dortan*, comte de
Lyon. L'un & l'autre le reçurent bien,
mais ils le trahirent, comme on verra
tout-à l'heure; son bonheur s'étoit épuisé
chez M. *Reydelet*.

Deux jours après notre arrivée à
Lyon, comme nous passions dans une
petite rue non loin de notre auberge,
le *Maître* fut surpris d'une de ses attein-
tes, & celle là fut si violente que j'en
fus saisi d'effroi. Je fis des cris, appellai
du secours, nommai son auberge & sup-
pliai qu'on l'y fît porter; puis tandis qu'on

s’affembloit & s’empreffoit autour d’un homme tombé fans fentiment & écumant au milieu de la rue, il fut délaiffé du feul ami fur lequel il eût dû compter. Je pris l’inftant où perfonne ne fongeoit à moi, je tournai le coin de la rue & je difparus. Graces au ciel j’ai fini ce troifieme aveu pénible ; s’il m’en reftoit beaucoup de pareils à faire, j’abandonnerois le travail que j’ai commencé.

De tout ce que j’ai dit jufqu’à préfent, il en eft refté quelques traces dans les lieux où j’ai vécu ; mais ce que j’ai à dire dans le livre fuivant eft prefque entiérement ignoré. Ce font les plus grandes extravagances de ma vie, & il eft heureux qu’elles n’aient pas plus mal fini. Mais ma tête montée au ton d’un inftrument étranger étoit hors de fon diapafon ; elle y revint d’elle même, & alors je ceffai mes folies, ou du moins j’en fis de plus accordantes à mon naturel. Cette époque de ma jeuneffe eft celle dont j’ai l’idée la plus confufe. Rien prefque ne s’y eft paffé d’affez intéreffant à mon cœur pour m’en retracer vivement le fouvenir, & il eft difficile que dans tant d’allées & venues, dans tant de déplacemens fucceffifs, je ne faffe

pas quelques transpositions de tems ou
de lieu. J'écris absolument de mémoire,
sans monumens, sans matériaux qui puis-
sent me la rappeller. Il y a des événemens de ma vie qui me sont aussi présens que s'ils venoient d'arriver ; mais
il y a des lacunes & des vides que je ne
peu remplir qu'à l'aide de récits aussi
confus que le souvenir qui m'en est resté.
J'ai donc pu faire des erreurs quelquefois, & j'en pourrai faire encore sur des
bagatelles , jusqu'au tems où j'ai de moi
des renseignemens plus sûrs ; mais en ce
qui importe vraiment au sujet je suis
assuré d'être exact & fidele , comme je
tâcherai toujours de l'être en tout : voilà
sur quoi l'on peut compter.

Sitôt que j'eus quitté M. le *Maître*
ma résolution fut prise , & je repartis
pour Annecy. La cause & le mystere de
notre départ m'avoit donné un grand intérêt pour la sûreté de notre retraite ;
& cet intérêt m'occupant tout entier,
avoit fait diversion durant quelques jours
à celui qui me rappelloit en arriere : mais
dès que la sécurité me laissa plus tranquille le sentiment dominant reprit sa
place. Rien ne me flattoit , rien ne me
tentoit , je n'avois de desir pour rien

que pour retourner auprès de Maman.
La tendresse & la vérité de mon attachement pour elle avoit déraciné de mon
cœur tous les projets imaginaires, toutes
les folies de l'ambition. Je ne voyois plus
d'autre bonheur que celui de vivre auprès d'elle, & je ne faisois pas un pas
sans sentir que je m'éloignois de ce bonheur. J'y revins donc aussi-tôt que cela
me fut possible. Mon retour fut si prompt
& mon esprit si distrait que, quoique je
me rappelle avec tant de plaisir tous mes
autres voyages, je n'ai pas le moindre
souvenir de celui-là. Je ne m'en rappelle
rien du tout, sinon mon départ de Lyon
& mon arrivée à Annecy. Qu'on juge
sur-tout si cette derniere époque a dû
sortir de ma mémoire ! en arrivant je ne
trouvai plus Madame de *Warens* : elle
étoit partie pour Paris.

Je n'ai jamais bien su le secret de ce
voyage. Elle me l'auroit dit, j'en suis
très-sûr, si je l'en avois pressée ; mais
jamais homme ne fut moins curieux que
moi du secret de ses amis. Mon cœur,
uniquement occupé du présent, en remplit toute sa capacité, tout son espace,
& hors les plaisirs passés qui font désormais mes uniques jouissances, il n'y

reste pas un coin de vide pour ce qui n'est plus. Tout ce que j'ai cru d'entrevoir dans le peu qu'elle m'en a dit, est que dans la révolution causée à Turin par l'abdication du roi de Sardaigne, elle craignit d'être oubliée, & voulut, à la faveur des intrigues de M. d'*Aubonne*, chercher le même avantage à la cour de France, où elle m'a souvent dit qu'elle l'eût préféré ; parce que la multitude des grandes affaires fait qu'on n'y est pas si désagréablement surveillé. Si cela est, il est bien étonnant qu'à son retour on ne lui ait pas fait plus mauvais visage, & qu'elle ait toujours joui de sa pension sans aucune interruption. Bien des gens ont cru qu'elle avoit été chargée de quelque commission secrete, soit de la part de l'Evêque qui avoit alors des affaires à la cour de France, où il fut lui-même obligé d'aller, soit de la part de quelqu'un plus puissant encore, qui sut lui ménager un heureux retour. Ce qu'il y a de sûr, si cela est, est que l'ambassadrice n'étoit pas mal choisie, & que, jeune & belle encore, elle avoit tous les talens nécessaires pour se bien tirer d'une négociation.

Fin du Livre troisieme.